當靈魂蛻變時

高靈談未來

Asha 著

目次

〔作者序〕輕盈的新心空間即將到來 6
阿斯卡土簡介 10

1 身心靈需要新思惟 11
「業力」是生命的舊思惟 13
預言不精準，命中不註定 16
共感悲劇是明瞭生命的重要一環 19
用新思惟認識身心靈的關係 21
從「有意願」開始 25
如何更靠近靈魂？ 29

2 藍圖也要更新 35

你入戲太深嗎？ 36
接受自己與他人的不同 40
敞開自己的心 42
人依靈性法則而生存 46
藍圖更新 49
自由與和平是地球的願景 54
在多重宇宙中傾聽神性自我 59
不足，讓你有進步的空間 63

3 真智慧與舊思惟的整合 67

敞開，才有真智慧 68
在浮生亂世中如何維持恆定？ 71
開啟大小宇宙接通的鑰匙 75
讓自己成為真智慧的存在 79
給自己的情緒反應一些空間 83
有情就有執著 86

4 對焦宇宙合一力量 91

靈魂的重量 92
以更高意識互助共享 96
時時對焦在宇宙強大的合一力量中 99
能量頻率校準 104
心寬念純，感謝當下 108

5 二十一日舊思惟印記的清理 113

第1日 打開覺知之門——清理眉心輪 114
第2日 啟動心與靈魂緊密連結——意念在心輪 115
第3日 擴展生命力量——腹部呼吸，淨化臍輪 120
第4日 釋放與疏通印記——火的呼吸，喚醒聖火蓮花 122
第5日 穩定與深化力量——聖火蓮花的再度顯化 124
第6日 安靜與放鬆——意念聚焦在腹部 125
第7日 平衡物質與靈性——連結大海的力量 126

6 思惟蛻變的落實 131

教育，不是要滿足父母的期待 132
疾病，有大自然助你提升免疫力 135
危機，讓宇宙的力量進入以支持你 140
上癮，是身體與精神上的成癮 146
恐懼，是腦波創造出來的「印象」 149
生死，是當下靈魂的意願 154

〔尾聲〕所有的選擇都有宇宙背後的祝福 167
延伸說明 174

〔作者序〕

輕盈的新心空間即將到來

繼「高靈談情說愛」（《愛是唯一的吸引力法則》）之後，這本「高靈談未來」的靈性訊息是來自於整個宇宙流中，關於地球新時代的訊息場，直接下載而來。

書寫過程中，為了能讓訊息完整，阿斯卡土和我進進出出、來來回回，穿梭於過去、現在與未來，為了讓我能親身體驗過去古老舊有思惟的意識狀態，進而明白蛻變過程新能量的各種可能性，高靈們可是費盡心思。

訊息場是穿梭不同時空交疊，有很需要汰舊的，也有新頻率的難以適應。我在進入的過程中，有時候心臟無法負荷、呼吸狹促，甚至結束後有腦神經衰弱的現象，身心俱疲……這些現象呈現了，我們人類肉質世界與另一時空的差異性、我們的局限與限制。其實我們所知微乎其微！

即使因為我天生的能力，但進入訊息空間，仍然有相當龐大、多層次的訊息場無法觸及，我能代為轉述的是非常非常小的一部分。期盼將來還能有更精進的能力，為各位傳遞宇宙更寬廣的語言。

本書中，另一位存有阿**FA**高靈，祂從小保護我，也教導我學習讀取人氣場上、身體上印記的訊息，解讀人們的生命功課；祂也會透過我的雙手，將一些印記進行拔除與清理。在本書中，祂教導各位認識印記，認識生死輪迴、上癮、脈輪，和自身二十一日深度清理。

隨著與高靈們不停歇的練習與教導，對於邁入進階的地球演化，從古老舊制的濃稠到新心空間的輕盈，藉由個人靈魂、地球、宇宙的願景，交織出這幾年發生在地球的人類大事件，如戰爭、新冠疫情，高靈們於書中道出了宇宙背後的祝福。

另外，阿斯卡土與上一本「高靈談情說愛」的語調和態度有著不同的呈現。在這本書中，祂說了好多訊息，不斷句、沒段落，商周主編藍萍編輯過程覺得也太難讀了，哪叫新心空間的輕盈？

關於此，阿斯卡土笑著說：「因為你們負累過多，我只是將舊有集體狀態的訊息透過文字帶出，每個字已在你們身心作用，反射出你們的內在！相信這是本療癒之書，同步性的，我們共同從舊意識蛻變為新思惟。」

高靈們、阿斯卡土撥絲抽繭、一步步地引導我，從古老舊制裡，發現人類生命進展的光亮與精華，祂們時時提醒：「不丟掉與捨棄早已在地球發生的，取其精華，將它們磨出更清澈的亮。」

經過這一年多的學習，我能懂，也能有更多的包容。無論是我或所有居住於地球的人類們，生生世世在地球轉世，在生命都積累了印記；當處於宇宙快速蛻變背景之下，能夠安穩地乘風破浪或直駛前行，真的要有足夠對宇宙的宏觀，且清晰知曉人類、地球、宇宙、靈魂、光、各種頻率存有的相互協助關係與存在的意義，方能穩定懵懂無知的我們，從一個觀察員的角色，在轉動疾速的整體中知天命，從萬事萬物裡認出一整體，體會合一的最終真諦。

會開始著手這本書，是源於「Asha與高靈」二〇二二年線上課程「破除根深蒂固的舊思惟，成為自己生命的建築師」的延續，線上課程啟動與喚醒即將發生的蛻變，注入新思惟的概念。接著本書是與各位更進一步的討輪，新舊交替間的自我調頻與療癒。

再下個階段，也就是二〇二三年，高靈們會再更進階，引導新頻率進入所思所學，並且結合更落地與更實際的作法在生活中。我們從人與人的關係談到更廣的超越輪迴、悟道……也會跟大家談死後的世界，當人們無懼於死後世界時，在地球的人類們會帶著高意識，駕馭著臭皮囊（肉身），平安地行走於地球。

最後也感謝商周主編藍萍總是要燒透腦編輯高靈們的傳訊書。阿斯卡士說，藍萍是祂物質界的「文筆」，我 Asha 是祂的「聲音」，「有聲音的文筆」是祂想發生在地球的。

因自己學習與知識有限，略為皮毛的靈性訊息分享，希望可以支持大家，在這大晃動的蛻變期間，與高靈們共同學習，一起穩定身心！

未來的地球，是我們共同創造的！愛大家！祝福大家能在閱讀本書後，充滿著新心的空間，創造出生命最大量能。

Asha

⊙阿斯卡土簡介

來自於天王星的存有，已超越地球輪迴轉世的範疇，也不屬於地球的存在。

延續《愛是唯一吸引力法則》的傳訊，我們因應宇宙這幾年的療癒力量——「釋放印記」、「蛻變舊思惟進入新思惟」兩大方向，提供訊息與二十一日印記清理靜心陪伴各位朋友。

書中的文字、二十一日的靜心引導聲音檔都注入滿盈的宇宙恩典，恩典進入能量場，會協助大家更容易走進這艘覺醒的法船，也對於想更穩、更踏實地往內走的朋友有直接強大的支持。

阿斯卡土說，自己是宇宙的治療者，喜歡與不同空間磁場的生命做連結，祂單刀直入的訊息背後有著宇宙最慈悲的溫柔。

祂掌握療癒地球的執使權，祂直接透過文字的力量與有緣朋友連結。祂說：「這本有聲音的書，也像是幅有畫面的畫作，藉由療癒的過程，放下我們試圖解構與分析訊息的頭腦，將生命導向一種美的境地！」

往往最美麗的相遇、雋永的回憶，是當下靈魂之間能量流動的交會。

允許神聖恩典進入身、心、靈，模造出各人獨一無二的生命價值。

1

身心靈需要新思惟

阿斯卡士：

Asha早安，一起來寫本適合二〇二三年的即將書？

Asha：

一直記掛著將三年來與公共電視拍攝的紀錄片《漂泊》的內文編輯成書，但每次一翻書稿資料龐大，尚不知道如何著手?!阿斯卡士有好的建議嗎？

阿斯卡士：

你有聽到我說想要寫本「即將書」?這兩年的能量場有著相當奇特地、協助翻轉舊思惟進入新世界的契機，也許我們可以一起將過去的舊思惟重新整理出，騰出可蛻變發展的空間與可能性，協助某些已經在這條道路上的靈魂夥伴們，可順利地在磁場轉化期中更清晰，並且與宇宙訊息場同步發生滾動式的釐清與學習。

當然，二〇一九到二〇二一年記錄關於活出自我（喉輪）、世界各地的聖殿與宗教廟宇有助於人類啟發、靈魂碎片、外在的大震盪成就了人類的意義、靈性與物質之於宇宙間等有趣的主題，都可併入新舊交替的議題中深入探討。

⊙「業力」是生命的舊思惟

Asha：

阿斯卡士如此雀躍，感覺祢已經跟我的精神導師白長老會面數次，獲得傳遞本書訊息的支持！在開始傳訊前，我有個個人無法明白的盲點……

如今俄烏之戰已經第六日＊，極權似乎與更大危害都在刀口下強制執行中，核武之戰成了大家在刀刃上的相互威脅。請問，對阿斯卡士來說，傳遞靈性訊息的實際意義是什麼？

坦白講，我個人相當支持國家為自由民主奮戰。姑且不談論每個國家因為恐懼而引發的行為，是否可以談談，戰爭與占領背後，真的具有宇宙的祝福嗎？極權領導人是在執行人民與他過往的共業？還是極權領導人在創造新的地球共業？受迫害的烏克蘭總理奮力抵抗，是在平衡他與侵略者的業力嗎？

阿斯卡士：

當妳問這個問題時，妳首先切入的是業力層面。妳是否有思考過，「業力」是一個生命的舊思惟？它曾經的確扮演著所有因與果的平衡。業力如同一道能量線，它的

＊傳訊日是 2022 年 3 月 3 日

作用在引動與被引動中創造出有可能發生的故事脈絡。

我可以如此概括的描述，二〇一二年前約五百年的時間，地球在一個因果法則的宇宙場中、在可掌控的狀態中前進與發生，如同遊樂場中的雲霄飛車，所有高潮迭起的速度、翻轉或障礙物的出現，都在早已設定好的軌道中呈現與體驗。

但二〇一二年後，地球開始會在一個失去重力場、無事前設立軌道的狀態中，「玩樂」出它自己想設置的樣子。這也是為何曾有預言家提出世界末日之說；在某個層面，的確在當時地球會脫軌進入一真空漂浮空間中，任地球所有具有引動能力者，大肆揮灑出地球所想呈現的樣子。

沒有軌道的另一空間，跟人類意識的狀態有著最直接的關係，跟我們當下所思所想有切身緊密的關係。

我們與所有生物、大自然、岩礦，都是無重力下地球生命的導航者。人類與部分生靈，獨具意識的黑暗與光明部分；而大自然，一直維持在高意識品質的能量狀態，配合著地球最大占有者——人類，在人類意識活動下，扮演提醒與支持的角色。

二〇一二年之後長達約五百年的時間，人類會在新新思惟中維持地球的延續。剛提到人類獨具意識的黑暗與光明兩部分，這兩者在無重力、無業力線常規軌道中，既新鮮誘人又危險無比，這也是為何，人類靈性的覺醒、與地球共創平衡，成了眾多靈性訊息的首要職責。

Asha：

那阿斯卡土對這重要的職責，有達成目標的信心嗎？

阿斯卡土：

有沒有達成，不在我們考量範圍，但我對地球相當有信心，地球上具有的靈性潛力，遠比沉浸於渾沌傷害性的部分來得顯著。

直白地說，地球許多的灰色地帶——介於覺醒與混亂的邊界——占最大比例，但我們從不對於「缺少」或「弱點」太過著力或膠著。我們為地球盡力的是：助長良善、有智慧的部分更發光。如同一開始即提到，將舊有思惟蛻變成新思惟，跳脫原本習慣性的業力範疇，長出更具創造性的生命品質，將靈魂意義更發揚光大，讓真善美的世界，藉每個人的力量更為顯化。

Asha：

等等，無重力聽起來像是毫無業力線促使循環？祢要指的是：二〇一二年後，所有原本的生命藍圖都消失？聽起來怪怪的。

阿斯卡土：

哈哈，人類當然不是毫無學習地成為一張白紙。無重力的意象，我所要指的是：撤掉雲霄飛車的軌道後，所有參與物件、人物，不在唯一一條軌道行走。無重力的唯一重力是：單一個體的內在力量與掌舵者的意念驅使力，讓自己往所要邁向的方向前進。

喔，我稍微修正，我在指的「自己」，並非個人所執所念的個人化方向，是靈魂更寬廣的利益眾生的意圖、利益全地球的願景。

⊙預言不精準，命中不註定

Asha：

當祢說到無重力，我會立即想像，是大家毫無重量、毫無抵禦能力地飄浮在空間中。沒有業力線或所謂的軌道，就一切失序了，不是嗎？

阿斯卡土：

所以我才說，業力線仍然存在，人類靈魂藍圖的學習，仍舊儲存在每個生命體中，唯一不同的是：以往在常規性的軌道、極舊思惟中的你們，不用再硬生生並且乖巧地在軌道的驅使之中前進。

在沉重業力線的引動下，能脫離軌道、走出創造性的人類，並非大多數。所以為各位獻上我們最真摯的祝福，將宇宙的蛻變奧祕，透過妳，與眾生命分享：

二〇一二年軌道逐漸緩緩地消失，九年後，也就是二〇二一年開始，業力軌道線全卸下職責了，剩下的就是：個人帶著儲藏的個人學習與靈魂寬闊的願景，在地球空間中更新，蛻變重組。

人類加速地長出內在力量，積極與更大神性自我、宇宙整體連結後，運用內在創造力，往外召喚物以類聚、同頻共振的夥伴們聚集，讓整體因為人類意識的提升，各司其職，而自然成為一個更和平的整體平衡狀態。這也是我們為何與地球的你們頻繁接觸，積極地讓這些新新思惟的意識種子，散播最大的可能性。

Asha：

那如果脫離軌道後，大家停留在過去的舊思惟和生活模式，將來會形成什麼樣的地球呢？

阿斯卡土：

會像妳說的，毫無重量的漂浮著，隨波逐流。內在的混亂聚集更多的混亂，往外的私欲創造更龐大的私欲，人性的醜陋吸引醜陋，傲慢的檢視鞭擊更狹隘的人類思惟。是非在一切的顛倒中，引動眾生的缺乏。越缺乏，就會離健康的身心靈更遠；越自以為是，就會越為自己畫上無數的狹隘空間。於是心胸的狹隘促使了心肺的功能受損，憤怒敵對的情緒引發了內在力量的變相發展，是非比以往更加乘的呈現。於是，靈性訊息也在偏激與對立中逐漸產生。

想問 Asha，是否有覺得，許多預言都無法再以精準與清晰的方式接收呢？妳是否有發現，許多人的身體發生的疾病，也許不在命定之中；在藍圖的學習端倪中，因為學習而引發的情緒，卻可以造成更大機率的疾病產生呢？

Asha：

是的，外在環境的混亂，誘使我們在個人的小課題裡演變成無法控制的大學習，內在暴力與外在共振，形成了巨大的毀滅性行為。

阿斯卡土：

對的，所以回到妳剛才提的戰爭，他們在相互抵消的業力循環之中嗎？他們在過去幾十年的歷史中持續學習嗎？親愛的，我只能說，侵略者內在的暴力與恐懼是整件事的肇因，他們勢必儲存著過往的記憶，導致了投射於對方的態度與立場。

但是，任由混亂滾出更大的混亂，不在意識提升的準則之中；限制他人的自由意志，也絕不在新思惟意識中。任何強權如同將自己視為生命軌道的再造者，為自己的認知中「缺乏尊重生命的狀態」，自以為是的再造軌道，粉飾太平成為控制者的角色。這比極舊思惟中的業力觀，更粗糙也更傲慢。

時間會讓所有暴力行為，因己創造也因己消亡。

Asha：

聽起來，新思惟中的業力線除了「自己是」之外，重要的是能控管好自己的內在良知。在沒有業力常軌的督促下，地球會整體在兩個極端中晃動搖擺嗎？

⊙ 共感悲劇是明瞭生命的重要一環

阿斯卡土：

過往，有業力軌道或神的眼光、宗教，都可以扮演制衡的角色。二〇一二年之後，即使「業力」在人的舊思惟中仍然存在，但在無意識部分，已逐漸在脫序、無重力之下發生。所以當人們問，因新冠肺炎病亡帶走的生命，是靈魂的意願與安排嗎？可以回答「是」與「否」，部分的人不在藍圖的安排中，卻因為身心層面無法抵禦外在環境被迫離開。

地球會在一段時間中，產生不平衡的晃動。但要永遠深信，地球中的每個人都有極良善愛的能力，即使殘暴者也有很良知和正在蛻變的部分。當人們創造了不安穩的地球，隨著時間，隨著與更高意識的接軌，親自明白「內在良知」與「對生命的愛與敬意」能使人身心靈感到圓滿與寧靜時，許多往外的粗糙行為，會逐漸有意願地改變。

過往神的權威與眼光督促著人們；現在，自己望出去的眼光會明白，要深入反求內心無愧與身心靈健康平衡，才會是對自己與地球最佳的幫助。

Asha：

聽起來很有意思，我們從被動式學習到成為自願主動選修者，真的是心悅臣服的境界！

不過，我只是疑惑，人類相對於維持在一種和平、正向的頻率，似乎更容易共感於世界的惡、苦，或可以說，某個層面上，人類內在挺喜歡跟悲劇糾結？喜歡耽溺於業力的驅使，讓戲劇張力無限上綱。

我長期跟高靈們共處後覺得，只要脫離光明的能量場，就易感於外界的粗糙與混亂。要時時覺察自己，才可好好維持住身心的健康與平衡，更何況是，許多人在膠著的生命故事中難以抽離！

阿斯卡土：

太棒了，妳已抓到這本書的大重點。

共感於外在的粗糙，有時候是明瞭生命很重要的一環。共感後能否有積極的力量影響自己、穩固自己，並且覺察膠著共振的部分？

共感生命的黑暗，不是為了鄙棄或拋棄人類早已有的，而是看到這些部分是人類的天性，不讓天性習氣淹沒了生命的可能性，站在黑暗之上，勇於創造更平衡、光明的生命力。

⊙用新思惟認識身心靈的關係

阿FA：

我是看顧Asha從出生到現在的一位精神體，我是阿FA。我帶領她學習認識身體上的印記，學習讓身體穩穩地扎根於地球，與大地力量連結；也負責教導她，如何啟動意念，治癒身心印記，並且在本書與各位分享「用新思惟認識身心靈的關係」。

Asha，人類之所以會共感於較低頻的部分，跟身體有很直接的關係。身心靈中，身體的頻率與心靈相較，是屬於物質界的頻率；身體是地球中介於心靈與宇宙的載體，心靈要提升，淨化身體是相當重要的。

淨化的過程中，維持身體強壯也相當重要。沒有厚實穩重的身體，身心容易在情緒中失衡；相反的，身體負載過多的印記或負擔，心靈提升中也難以輕盈自在，心靈會因為身體的重量，而停滯在某個故事層面難以穿越。

體質敏感的朋友們，身心的感官開放過程初階段，會最先感知到較低、靠近身體的頻率，又易於共振外界交織著物質界、人性層面的各種故事。

Asha：

請問如何幫助正在這個過程的朋友，能夠維持住心靈敏銳度，支持感知擴展，同時對身體印記進行清理呢？

阿FA：

堅定的信心！不讓自己置身於慌亂的恐懼，恐懼會削弱個人力量，引發更大的混亂。對看不見的能量感知要保有堅定的信心，沒有任何外來的靈異事件會淹沒與占據妳的心靈，唯有恐懼。

相同的，萬法唯心造，敏銳的心靈用在控制與教訓他人，甚至製造他人的恐懼；就如同剝奪他人的力量，反回到自身的，除了障礙，就是要更用力地去捍衛自身，而引發心念的偏離正軌。這時候心引動了魔，思想就偏異了。

永遠記得，敏銳的心靈有著啟動宇宙力量的能力，是對自己與他人最美麗的共福與祝禱。心靈的平安是此生你們來到地球所要追求與圓滿的，永遠不要輕易被眼前的困境蒙蔽，心念強大，信心堅定，就會將自己與更強大的正念匯聚。

信心保持正念，宇宙場會有最圓滿的智慧，支持個人身體的清理。當然，身體這載體會需要健康的生活習慣與環境，保持適度運動，增強自身，都會使敏感的狀態趨於穩定。

心靈感知力開啟，是宇宙最大祝福。在更大整體的層面，宇宙正在清理你們因接受外界而引動自身的印記。

有時候，集體的傷痛會像放大鏡，去幫助你們更深入覺察自己內在的部分。有智慧、福氣的人，會善用這過程，靜觀對外的個人投射，以平等心看待因為外界而有所觸發的內在，抓住機會，幫助自己穿越，茁壯自己，讓這股身為人最根本的真念，療癒自己的身心，深入清理自己所膠著於地球整體意識的記憶。

有時候，你們每日無預警地接收新聞與各類資訊，也都需要更抽離，時時清理自己內心所觸發引動的感覺。

所有的傷害來自於我們不夠確信「自身本是俱足」，對於生存帶有恐懼。

無條件地為自己做清理，有信心地明瞭，你們每個人內在與宇宙有著一條獨一無二的通道，讓宇宙啟引著你們深入與穩步向前，不偏不倚地走在生命的這條圓滿之路。

行走於地球，身體這個載體除了乘載宇宙與心靈間的正向力量，內在與外在所製造的情緒與習性，也都需要適當歸零與排除。讓自己多接近大自然，也是很有幫助的方法之一。時時淨化自身，修行會使人的感官敏銳度更精細與開放。

謹記鍛鍊身體，增加身體穩定度，就會協助整體進入更平衡的狀態。敞開慈悲地感知人類集體的頻率狀態，保持覺知，茁壯內在的光芒，讓自己與他人在整體中共同提升。

⊙從「有意願」開始

Asha：

除了提醒身心敏感的朋友之外，針對大部分有意願清理身體印記的朋友，阿 FA 或阿斯卡土有何建議呢？

阿斯卡土：

時時讓自己的身體和意念是在當下的。

如何發生？做每一件事都專注在當下，會讓靈魂穩穩地住在身體上，靈魂與身體連結強，做任何事情都事半功倍，讓更大力量引領著我們前進。

阿 FA：

身體印記有時候會很狡猾，且重複性播放舊有的記憶，這印記會不停地挑戰我們，引發個人投射與對事件的反應。

當我們遠離生命真理、離愛與平靜稍遠時，覺察且回到當下。

當然，我們可以有意圖的幫助印記釋放。舉例來說，一段刻骨銘心卻無法有結果的愛情，在身體儲存著生生世世的記憶，個案會時時投射出愛的缺乏與愛的思憶，失去的愛或無法擁有的愛，會時時打擊個案，產生痛楚。這時，幫助自己找出印記於身體所在的地方，認識印記，接納它，認識它，與它和平共處，或駕馭印記的停滯狀態，進階釋放它。

Asha：

任何人都有能力找到身體印記嗎？

阿FA：

有意願的人都是可以發現它們的！

Asha：

那坊間一些善巧的工具，如解讀星盤、紫微命盤、家族排列等各類療癒方式，高靈們怎麼看呢？也能幫助釋放印記嗎？

阿斯卡土：

都有其特殊性的幫助，它們會在適當的時機給出最適合的協助。但永遠要記得，當你們從初階尋尋覓覓、充滿渴望的階段，要蛻變至更進階的過程時，時時提醒自己，從往外尋找逐漸到定錨出自己生命學習的管道；過程中，開放地接受各種提醒與協助，也同時在生命的前進中充滿篤定的信心。完全信任宇宙的慈悲與智慧，會在強大蛻變意願的人身上發生。

阿FA：

所有的善巧方便法門，都是在更大整體的能量場中，示現出宇宙與個人靈魂的約定。療癒師如同擷取宇宙的資料庫，將這些顯露於案主，讓案主可以清晰地照見現階段可以學習的。

Asha：

二十年前，當我接觸德國海寧格家族排列時，也覺得相當震撼。我第一次站上家族序位中的角色時，產生很大的反應，角色的身心狀態進入我的能量場，我們能說出或表達出角色想讓案主明白的。這樣的療癒方式可以支持印記釋放嗎？也可以支持舊思惟進入新思惟嗎？如何支持與蛻變呢？

阿斯卡土：

這類的療癒方式碰觸的是，家庭與人、事、物關係在「因果層」的部分。所謂因果層是最基礎的，這類的療癒可將所有相關的人、事、物重新整理出應該有的位置，協助將纏亂的能量序位重新整理出更寬鬆的空間。協助因果層面的療癒，也會對身體印記的釋放有些幫助。

舊思惟要進入新思惟，需要進入靈魂體部分進行療癒，可學習從心連通至靈魂的部分。從宇宙擷取的新知識，透過直覺區，逐漸取代腦思惟，但這取代是取其兩者平衡。

人的邏輯與腦是地球所有物質顯化中很重要的部分，如同科技與醫學的發明可與自然療法相輔相成。不捨棄與否定物質界任何已存在的，對地球保有最大敬意，保持開放與覺知。

Asha：

高靈們在進行工作坊也會有排列發生，跟以上談的因果層有不同嗎？祢們稱為靈魂排列，可協助舊思惟進入新思惟嗎？

阿 FA：

靈魂排列是：針對身體印記再發生直接的作用與呈現。因果層是很基本的引動，也會涵蓋在印記中。有時候我們也會讓案主清晰明白，自己與相關人、事、物情緒間能量的引動。但「靈魂排列是著重於身體印記的清理，針對此生靈魂的學習課題為主軸」，過程有時候會顯現在不同層面的部分。「印記」因為跟生生世世靈魂輪迴的記憶相關，準備好的朋友們，有時候可直接切入於靈魂的學習功課。

靈魂排列聚焦在當下案主靈魂層面最需要的訊息，我們與案主們共同創造出最大可能性，協助身體印記的鬆動，進而進入靈魂體部分，使個案在身心靈整體都能更接近與完整。

阿斯卡土：

雖然靈魂排列不在我來到地球的執行任務之一，我還是直白的提醒朋友們，這些工具與法門是宇宙的陪伴與祝福，但在每個追尋過程中，都需要自己帶著很深的意願與堅定的信念，朝向與靈魂合一的願景前進。「最終是自己的意願完成了靈魂此生的學習」，自己建築了自己的生命足跡，開放並且歸於中心的。

⊙ 如何更靠近靈魂？

Asha：

我深知，擔任一個好的訊息與能量傳導者，尚有很長的道路要學習，更別說「自己能與靈魂時時維持合一」的信心了！我可以清晰收到自己靈魂的訊息，但要能與祂維持合一的品質，且時時臨在於靈魂的道路，仍有不少進步空間。

高靈們有任何提醒建議我嗎？也建議還在學習認識「靈魂」與「自己」的朋友們，如何更靠近靈魂呢？

阿斯卡土：

Asha！

Asha：

有！

阿斯卡土：

妳已經非常棒了！妳在承載或接收訓練得比妳個人自我認知強大許多，妳的棒來自於，妳沒有過度自我膨脹。但身為通靈人，或者說這也是世界上所有優質通靈人的弱點，這個「缺」來自於：妳對「需要開放給外界，且無法固定自我，隨著頻率變化難以捉摸」的自我感到辛苦與氣餒。

親愛的Asha，妳的確是在完成一件相當不容易的志業，你個人身體承載的，也不是一般人所能理解的。

隨時謹記，維持住妳身體的舒爽與放鬆，妳有所有權利與義務選擇讓妳感覺到舒適的環境與想對應的人，帶領妳的精神團隊——白長老們，以完全尊重妳的心意為最優先。允許妳享受這世界的美好，同時將這份獨一無二的力量傳導於世間，這是我們對隻身於世、大步前行的妳最大的回饋。

對於靈魂、高靈的世界，妳很重要，透過妳，我們與人類會面了！也因為妳的存在，多了一份宇宙力量傳遞至地球！

阿 FA：

此生完成了，我們會一起進入另一個非地球頻率的星球，繼續完成下一階段，妳將會毫無痕跡地離開，妳也記得不留下任何期許。地球的人類們在二元對立的遊戲規則很入戲，這是地球物質界最大印記。

記得，我們不是來解救他們的，我們只是扮演提醒的角色，妳身為一個高靈傳遞者，更需要謹慎覺察，不過度扣入人類的貪婪與傲慢。妳在其中卻不在當中，妳存在卻也不存在。

當然，從事靈性工作者，「自我膨脹」也是在地球遊戲規則中的陷阱之一。自古至今，一個個帶著很深意願，願與地球共同轉化的光行者與傳導者，大部分皆鎩羽而歸，只因為在二元對立的地球裡，幻象中的名與利，是所有想回家與靈魂合一者，最大也是最邪惡的利劍，入戲過深，自將靈魂意願斬斷於外。

地球中的名與利是自然生成，無須刻意追求。「耀眼」是生命經歷淬鍊而成就的，身在其中，不在褒獎也不在詆毀貶責之中，守住生命的澄澈，妳便能穩穩地完成此生的靈魂志業，鼓勵所有生命，與靈魂連接，同時站在生命的中道，共振出傑出的生命品質。

Asha：

謹記在心，時時提醒自己成為全然的觀察者，放大自己的感知；且清晰知道，集體所發生的並不真的屬於我，在其中也不在其中。

在接訊狀態下，感知集體意識的過程，不是件很容易的狀態。因為解讀的需求，常常需要進入人們的因果層，將自我暫且擱置。感應過程，自己內心也會連動帶出個人生命課題，適度的抽離並且觀察，是傳訊者很重要的學習功課。訊息要澄澈與精準，的確方方面面要下相當大的功夫。謝謝祢們再度的提醒。

另外，關於這幾年舊思惟進入新意識的部分，我們要如何讓自己安穩地在對的軌道、對的頻率呢？

阿斯卡土：

共同學習！

首先，關於妳或能量工作傳導者，為了讓妳們個人能在開放氣場同時保有自我對身心的需求，妳們絕對有權利提出個人所有的需求，尤其是身體承載的部分。

針對 **Asha** 的部分，同時清楚知道，妳已俱足所有能力，在我們計畫的時間與空間中發揮最大、最極致的妳，全然相信宇宙中「妳是被支持的」！妳的靈魂意願與更大整體中的我們，在縝密無縫的計畫裡，推動物質界的顯化。介於物質與靈性之間，不疾不徐地前進著。

妳（管道）是很重要的一環，載體身心的平衡是所有一切計畫中最受我們關注的，照顧好妳，如同宇宙間每位高靈、靈魂們照顧著物質界的主人翁們。

每個人身後都有一股很大的力量眷顧、如影隨形地保護著。

給所有人最好的建議就是：受外界波動擾亂時，練習在最短的時間裡讓自己安靜下來。把自己收回來當下，將意念放在身體內部，中空的位置；也可以將意念放在心輪。

萬事萬物本是空，外界或正在經歷的挫折，其實也都是投射出去的幻象。安靜下來了，請信任自己一直深受更大宇宙的眷顧。

心念與宇宙同頻共振，自然會接收適合自己的古老智慧，將不適合、凝滯的舊習，以新思惟的生命觀，重新打造新新生命藍圖。宇宙的恩典無所不在。

Asha：

謝謝，所有祢們對人類透露的愛意，總像微風般，沁入我與許多人的全身細胞！多麼希望世間人能親臨與更大宇宙的連結，讓新思惟的蛻變力量，源源不絕地灌溉著所有人！

2

藍圖也要更新

Asha：

請問人們狂熱追求某些事，如追劇、追星……等，或熱血般投入某革命，這些行為會使身心的印記加深、難以釋放嗎？

⊙你入戲太深嗎？

阿FA：

呵呵，人類喜歡追劇的最大原因是：渴望從戲劇之中發現共通共感的部分，或者可以看見壞事者的黑暗，提供你們有發洩投射的空間。某個程度是具有療癒性的，但是我們可再更細緻的分別：狂熱於追劇中，是否也會無意識地接受集體意識的低頻面向，而吸收或加強累積原本的印記呢？

這當中的差別就在於「狂熱」與「享受」的不同。

跟生活本身一樣，狂熱或癡迷會帶來濃稠的能量氛圍，會有得失心，與強迫過度投入的極端。這時身心會被迫或因為過度追求而得投入某個狀態，身體中的印記會自動抓取記憶，或吸收更多相同品質的能量，去餵養原本早有的。

人們總是喜歡抓住某些負向的情節，而不停地重演生命的悲劇，身體總會一直不斷地憶起靈魂脫離整體、投胎成人的遺棄感，不停地投射於外界，甚至戲劇劇情當中，只為了尋找重回宇宙溫暖愛的渴望。

Asha：

關於狂熱與享受，可以再更詳細嗎？

阿FA：

狂熱是缺乏覺知的，是往外投射與將力量交出去的，奮力不停地尋找，期待理想性。

享受一齣戲，如同一位純心的觀察者，看到戲劇整體的全貌，品味咀嚼戲劇要帶給我們的智慧，宏觀地看待每個生命中值得我們學習的地方。

我會慢慢引導各位認識身體印記，並且協助療癒它們。但身體要能有更大空間，簡化外在過多的接收是重要的。尤其是情緒部分，最適當的排解就是：學習將情緒維持在內在，可以享受來到眼前的人事物，包含追劇，但不將自己拋入事件中。精純簡化所接收的外來資訊，或好好地揀擇吸收的內容，時時維持內外的平衡。

阿斯卡土：

我們也發現人類擅長於：將某些記憶用個人化的認知，再製造出各種堆疊延伸的故事。如某個事件引發的傷痛，有些人會不停地分析所有事情，嘗試找出頭腦可以理解和接納的原因。有些人會選擇讓傷痛引發部分，以情緒抒發的方式排解。大家有發現，好轉的狀態，維持的時間並不長久嗎？

Asha：

是的，觀察部分個案，會在同一情緒傷痛裡來來回回徘徊，即使嘗試靜心、運動，也都很難持之以恆，一下子會被負面記憶漩渦捲入。也有部分個案是，可以感覺他的頭腦希望變好，很努力想變得更好，但外境卻會不停歇地挑戰他們……有什麼辦法能讓有心想蛻變的人們，可以走出一條更容易的道路呢？

阿斯卡土：

注入「恩典」。只有認出自己可以無條件獲得恩典的時候，方能在身、心、靈三方面作突破性的轉變。

過去，恩典在某個舊思惟中，跟隨宗教、神性權威或有神蹟在的地方，才會受到庇護。恩典，在新思惟頻率中，宇宙的祝福之下，具有更進化的意識：當一個人清晰或深刻地認知到，在人類肉身之外，存在著強大的治癒力，以心念啟動宇宙力進入生命場中，允許恩典源源不絕地進入，恩典無所不在。

Asha：

恩典是看不見、摸不到的，心念如何對焦在宇宙場呢？宇宙足以治癒一切？

阿斯卡士：

想要「宇宙足以治癒一切」，是人類的貪婪！但宇宙可以讓有意願成長的人有恩典，恩典化解許多危難，帶來更好的生命契機。之所以說是貪婪，因為人們想像的治癒一切，是涵蓋所有好事、好運、萬事萬物豐收，所有靈魂學習的都一概清除。

宇宙可以提供相當全面的可能性，包含接受生命的原貌；最重要的，宇宙有著「秤斤秤兩」的智慧，為了讓更大的妳／你，拎著小小愛耍任性的妳／你，好好坐上電梯更上一層樓。

恩典到來，首要是擴大你們的意識與覺知，擴大了，可容納的就更大了。你們會明白，可治癒的是你健康的心，健康的心引動著心念，釋放不需要囤積的思惟與情緒，接著自癒能力就會自動產生。

⊙ 接受自己與他人的不同

Asha：

寫到這，我有個疑惑，阿斯卡土從上本書《愛是唯一吸引力法則》，談的就是療癒傷痛（情緒體），只是，外星人懂情緒嗎？外星人有情緒嗎？

阿斯卡土：

哈，我們沒有情緒，我們的靈與其他個體間頻率差距微乎其微。但我透過妳研究了一段時間，發現：人類沒辦法快速提升意識，跟身體與印記引發的情緒、認知、看法有直接的關係。你們的身體背負太沉重的故事，靈魂跟你們天差地遠，這就是你們四處尋覓，然後氣餒沮喪，永遠在重頭來……

Asha：

透過我？祢的研究報告都寫些什麼？

阿斯卡土：

妳是第一個我們好奇的對象，當然也因為妳有著異於常人的體質。喔，談起「異於常人」可能會令妳不安，因為在妳的身體印記中，有股需要很深入穿越的就是：接受自己與他人的相異處。

這種自然抗拒的反應，部分來自於地球歷史的故事，關於祭司、女巫、驅魔師、預言家……等。妳看，以上幾個身分在地球故事中，是在被世人尊崇的位置。女巫的確有被撲殺的記載，但是在深入妳的案例來看，妳既不屬於使用法術去介入因果層，也不預言可怕的天災人禍，更別說是以驅魔的名義去改變病痛，或以怪力亂神的名義控制其他人。過去幾年，妳的身體、情緒體，在世間對「能感應無形世界」的評斷中，共感的是較低頻率的部分，而非被尊崇的部分。

阿FA：

是的，Asha 的身體的確儲藏了這烙印在腹部，與心輪、喉輪之中的印記。但那是我們與她生前的約定。

Asha：

與我的約定？這些是我生生世世的故事，還是為了某些任務被下載來的記憶呢？

阿FA：

妳在地球的轉世經驗非常少，也沒有經歷過地球撲殺女巫的故事。

阿斯卡土：

是的，這就是為何妳讓我好奇！

阿FA： 出生前的那個討論會議，「我們願意跟著妳一起去協助地球的平衡。」「地球人的頭腦很狡猾，也很固執，妳若沒有實際的證明，或發明了什麼可以改造人類的物件，或是讓高等存在們現身在他們面前，是很難說服群體，妳有萬全心理準備嗎？」

Asha： 我是不是很篤定的告訴祢們，靈魂知了一切？人們的心會明白的？

白長老： 沒錯，妳當時的確這麼說……妳相信宇宙間的心電感應。（白長老突然出現於對話空間）

⊙ 敞開自己的心

Asha： 白長老，好久不見！我很想多了解自己生前的計畫，祢們願意讓我多了解嗎？

阿FA：

妳的靈魂總是充滿信心，很堅強與無所畏懼。妳當時說，妳想滿足人類的，不是物質界的法則，妳想要讓地球人認識與經驗的，是超越物質的心電感應。

我們共同討論了，要與地球人心電感應的首要器官，就是對焦在人體脈輪中的心輪，協助人類的心輪器官與靈魂意願更緊密相連；同時也和妳Asha有著共同的認知，要在人類心靈感受中，明白他們障礙與需要的，所以妳需要配備很敞開的心。

Asha：

我的靈魂聽起來是很酷的。前陣子我也正在思索，為何敞開的心很重要？我時時覺得，「敞開自己的心」在很多層面可以學習。但我們人類是否也會誤用「敞開的心」這幾個字，以為是滔滔不絕地說自己與他人，毫無隱瞞、赤裸地將自己或他人的隱私過度用力的揭露？或者將「不停抒發情緒」誤認成「正在敞開心」？當我在這樣的人身上，或當我在這樣狀態時，心輪反而是封閉不流動的。

阿斯卡土：

沒錯，妳的觀察是對的。人們會將「自己個人的認知」或「毫不隱瞞地說自己」或「情緒的肆意發洩」誤以為是敞開的心。敞開的心是很優雅的，甚至是超越「談論自己」的一種「與他人以更高頻率交會」的品質，善於傾聽，看見生命本質的光芒，讓敞開的心輪自然而然的流動，引動創造出更為精微與愛的共處空間。

阿 FA：

滔滔不絕地論述自身的認知，投射自己的世界於外在，這些無法令人動容，並且毫無生命實相的影響力，是相當耗費能量的。

還有個需要覺察的弊病：將自己的印記拋出外界影響他人，如同進行洗腦的行為。這可以在地球物質表面中短暫地獲得支持，但僅只於地球遊戲中，靈魂並不會因此而有更躍升的狀態，反而停留在重複性學習與輪迴於地球表面。

「敞開的心」是：協助自己往上安穩後，再與他人共同調頻至愛的流動，讓彼此能往更正向的頻率前進。

阿斯卡土：

有著敞開的心輪這配備後，也要記得，在此生地球生活中，人們對無形世界的愛與恨、需要與排拒、尊重與質疑，載體需習得同理，且在寬闊包容中，運用高靈的執使權。

Asha 從難以接受自己，到現階段善巧地運用這天賦，學習中道，不卑不亢，這是現階段在地球混亂時期中很重要的生命品質。

不亢是因為，妳非處於狂妄的傲慢中自視非凡，妳的腹部印記中一直提醒著，人類與無形世界的歷史故事要走入中道，對抗或強烈革命都是走在生命的極端。

不卑也來自於，妳的靈魂本質那份天然的喜悅，靈魂與妳連結緊密，支持妳展現天生獨一無二的特質，很天然地行走於世，不留戀、也不執著於世間物。

Asha：

呵呵，我的靈魂真的好可愛。身為人的我，還有許多要認識與學習的，靈魂與我緊密的關係，幫助我在心思晃蕩時，容易接受指引，回到靈魂的道路！和諧的品質會使生活上的挫折有空間轉化。

阿 FA：

記得時時清理印記，不但可以更輕盈地創造新生命，最大關鍵就是迎接靈魂，讓身心的頻率更靠近，連結內在神性。

靈魂通往心，連結身體，靈魂穩定地支持著身心，這時候身體的直覺器官「第三眼」同時在安全、穩固的範圍中，會更開放，自主性地接受宇宙的指引。宇宙的訊息場會在你的身體、心、靈魂間不停地穿梭，不停地與妳整體調頻，直到妳全身細胞更新，重組至宇宙對焦的頻率。

新思惟就來自於宇宙的滋養與帶領。這時候，你們就會定錨與清晰踏在迅速蛻變的軌道，走出屬於你個人構築的生命藍圖。

⊙人依靈性法則而生存

阿斯卡土：

未來的世界是：靈魂與宇宙對話，身體是能量世界的載體，直覺是未來的導航，人類的心電感應共同創造毫無屏障的世界。未來地球只有一國一心，跟宇宙間高等星球的頻率一致，地球充滿在愛與和平的能量氛圍之中。

Asha：

我有生之年能見到如此和平美麗的地球嗎？

阿斯卡土：

可能還需要一大段時間喔！況且，當我們在描述未來世界時，人類的想像畫面跟未來實相，還是有頗大距離！

CD 高靈：

人類總會誤植個人化的理想世界。一國之領袖時時不停地在創造自己的理想，極權國家以侵略和戰爭去實現個人化理想。擁有全地球的土地，或全世界人類的遵從，都是遠離宇宙實相。

個人內在神性與寬闊宇宙，共譜出未來地球的生存模樣。每個人的生存法則不是在於人類製造的法律，而是靈性法則。心中對自身與地球間所自立的律法，是由衷對生命的愛與敬重，綻放生命內在的和諧，創造出真正世界的和平。

Asha：

世界大同怎麼實現？

阿斯卡土：

當人類們有天猛然頓悟，原來自己受制於貪、瞋、癡，受制於痛苦，驚覺一生的命運早已被所有人類集體的慣性箝制，完全受夠後，就會撞擊出最完美的出路。一切在於你們最深的意願……

Asha：

所以，還是來自於每個人的靈性覺醒。最深的意願也是來自於外在世界的動盪與撞擊，宇宙給了許多的機會提醒人類，但也尊重人類的進展速度。

談談祢們認知的和平，如何看待地球的暴力？如何協助自己走在非暴力的途徑中呢？

阿FA：

首要的是，與身體和諧共處，學習深入認識介於宇宙和地球間的這軀載體，與身體建立最親近與互相信任的和諧關係。身體是靈性成長最重要的地基，切勿怠慢，愛自己且貼心地照顧身體。

身體這地基穩穩地扎根於地球，懂得愛身體的人，也會懂得愛地球這塊土地，能量上彼此連動。愛上大地的人們，會不忍於土地乘載人類的暴力與貪婪，當不忍的慈悲心不停地從自身擴大，愛的力量會從個人化，逐漸放大至身邊的人，最後到達對眾生、對生存環境的共體慈悲。

和平與非暴力來自於每個人內在有意願穿越衝突，從暴力的刺激中生長出非暴力的種子。暴力不會瞬間消失於地球，卻持續扮演著「提醒人們走向和平與愛」的角色。

⊙ 藍圖更新

阿斯卡土：

所有妳所見的戰爭、對立，都是為了讓你們照見內在的衝突。外在暴力引動內在的撞擊，經歷外在戰爭暴力而存活下來的人們，若是認出宇宙背後的祝福，就可藉由深入內在神性，療癒死亡的傷痛與動盪的驚嚇。

戰爭的背景是國家整體大局所製造出來的，而個人會如何，一部分是與國家的共同業力，有一大部分歸屬於地球與宇宙大進化提升的蛻變與祝福。大震盪背後的祝福中，有著你們意想不到的靈魂禮物。

Asha：

什麼樣的禮物？這些受害的人民，如何看待戰爭後的創傷？聽起來是個大躍升的機會？

阿斯卡土：

沒錯！是極大躍升的機會，更是將生生世世積累的業力釋放，是宇宙很大的祝福。

在地球，國家領袖對人民有大特赦；宇宙律法間，人民在國家大局的業力中所占的部分，經由戰爭，已經直接面對並且參與。其餘的部分，是有重新更改譜寫的權利。

CD 高靈：

阿斯卡土是為了要表達，在戰爭或整體地球最動盪的時候，人類的意願若是聚焦於覺醒或圓滿生命課題，並且有意願將習得的智慧共享於地球的生命，宇宙會因為你個人強大的召喚，也給予相對等的回應。在個人的生命藍圖中，會有契機以更大的愛轉化；並且因為「意願」，宇宙給個人的學習用另一種形式去經驗。

阿斯卡土：

我從 Asha 的腦資料庫中，並無法找到貼切的字眼。特赦的行動是用在觸犯法律的人民身上，但關於宇宙給了新的靈魂篇章，我們嘗試將這行動稱為「新藍圖更新」。

Asha：

聽起來很令人振奮！我相信一定馬上會有人想問，那沒有發生戰爭的國家的人呢？也有更新的可能性嗎？

阿 FA：

地球正面臨疫情的挑戰，疫情是地球與所有人類的共業，共業當中當然也有需要

「靈性自願軍」的參與。多一份提升的意圖，地球就會更趨向於整體的平衡。這也是這本靈性訊息想傳遞的，舊思惟中的個人業力平衡，將進入更大新思惟中。

阿斯卡土：

新藍圖更新會在每個人覺醒的路上發生。地球這些年，外在撞擊不曾少過，外在集體的氛圍也是直接影響到個人；對應於個人，就是愛與和平的學習，無論是從愛情、身體健康、工作中，都離不開學習愛，學習穩住內在平安，以和平的氛圍傳遞與回饋給世界。

和平是來自於內在很深的衝突整合後的力量展現，和平是充滿經驗後的顯現，懂得愛自己根植於大地的肉身、接納與完整自己的人，才能有信任世界的勇氣。穿越過人性無數粗糙的體驗後，才懂得如何愛眼前的敵人，這份愛人的和平之心，是要穿越不知多少內心的憎恨、忌妒、恐懼、對立與革命的淬鍊！

真正的和平是在：所有參與地球歷史的每一個人，認出了內在和平的重要性，地球才有機遇成為一整體。

理想化的認知投射在地球的，也只是局限於一隅，更遑論於從整個戰爭事件中釐出對與錯。所有事件在宇宙間是一個整體、一個圓，在地球世界以物質對立二元化呈現，任何一個角度都在圓之中，何來對與錯呢？

Asha：

這是從高維度的角度看這一整體，當我以人的角度看待螞蟻王國的故事情節，許多的發生都只是整個環境中的小枝小葉，高靈們的角度看待地球故事也是如此。邀請祢們一起進入事件本身，逐步剝絲抽繭，帶領我們從故事中逐漸茁壯，意識提升，直至和平真實到來！

阿斯卡土：

永遠要記得，慈悲地對待正在學習中的每個當事人。對於將人性粗糙面過度放大，且已經刻意傷害他人的行為，要絕對遏止。

在這樣的故事中，慈悲心要體現的是不畏懼面對威權。因為慈悲心，我們認出了威權侵略者的靈魂：強大且渴望世界合一。只是身為人類的他本人，還無法感受到靈魂開闊的愛，與期待和平的願景。他錯誤地使用力量於併吞與防衛，擁有與濫用權利，因恐懼陷於威脅而侵略。遏止是為了：允許地球空間中，看見生命中最慈悲、柔軟的愛，讓極具力量的侵略者安靜下來，撇見內在最深的世界的愛與和平。

Asha：

阿斯卡土，剛剛祢不是說，在宇宙視野，這一切都是一個圓，但聽起來，遏止暴力也是一種對立的行為，不是嗎？剎那間聽到會覺得，祢對極權侵略者在定罪？在業力法則裡，有其智慧與一體觀，能分誰對誰錯？

阿斯卡土：

Asha 妳不是邀請我進入地球故事劇情中，進入局勢中剝絲抽繭，認清楚故事全貌？我正嘗試在故事中與妳們面對地球事件！人類們永遠知道，愛與和平是靈魂終極的目標，這目標不曾從你們人類身上遺忘。現在要談的是善巧的應對生命，千變萬化的使用愛的能力。

Asha：

有人說，施暴力者是因為缺乏愛，所以我們應該停止對他的憎恨，定他的罪，這是暴力的相待。阿斯卡土如何看待呢？

阿斯卡土：

可以收回憎恨，憎恨無法長出真正的勇氣，是將這份人性本能的憎恨心，轉化成一種不畏懼的勇氣與力量，那股堅韌與不放棄「愛與和平」的堅持，會使自己與國家，蛻變出一條不可侵犯的神聖指導原則。

持續將力量展現於遏止侵略者的戰爭攻擊！反暴力是在外境不可逆轉的堅毅行為中，澄澈地召見本心中對世界生靈愛與和平的祈願，毫不屈服！

⊙自由與和平是地球的願景

CD高靈：

如同有意願超越輪迴的人們，在覺醒進入開悟的道路上，若因為缺乏信心，而對自己的習性過於軟弱、不願意堅持，對外來世界的誘惑缺乏抵禦的魄力，對真理的追求缺少強度與企圖心，可預見的是，他這一生會耽溺於走走停停，猶豫不前。

阿斯卡土：

憎恨會使人在暴力與反暴力中失衡，且再度種下業力種子，生生世世困陷於輪迴中。在宇宙的全貌中，無法對世人定罪，但人類世間有法、有情、有個人職責、有傷害與被傷害，如何在之中學習從暴力解脫，以愛與和平為地球盡己之力，是人類的課題。

Asha：

可以更深入地談，「憎恨」和「慈悲」面對暴力的不同嗎？

阿斯卡土：

憎恨心是希望對方不得好死，對方因自己犯的錯誤而受盡折磨，將自己內在所受的暴力反應在對方身上，被暴力者因為傷痛，成為施暴者，當下粗暴的反擊結束後，會為自己設限於地獄之中。暴力只會製造出分裂的內在，不會走向愛與和平的。

慈悲地面對暴力，會善待正失去覺知的施暴者。若愛的力量不足以撫平對方的仇恨與憤怒，共守家園既然是外境難以逆轉的行動，就堅定的反擊，且不用憎恨心責虐對方。

Asha：

祢怎麼看待侵略者的士兵們？

阿斯卡土：

宇宙間律法不曾以粗暴、個人強制進行提升與融合，所有的發生在於能量引動間產生，跟大自然一樣，缺少了什麼，就自動引動了另一股勢能進行交融。簡單說，所有的勢能爆發與融合，都在自然意願中，也就是你們在說的自由意志。

地球上有些國家是極權治理的，聽命於極權者，是身為人民的宿命；為國家效忠，是誕生在這個國家中的人民意願。某些過去世的記憶，他們選擇了生於非以自由民主為主軸的國家。

人民是跟著國家的命運共同學習的，對於這些發動戰爭的國家子民，我會鼓勵他們，有天回到宇宙的世界中，他會再度明白，身為人類，有著最美好的力量——自由意志，喚醒每個靈魂本有的自由。因為經驗了非自由，而明白自由的強大，再度將這份經驗，分享給更多地球上的朋友們；將受限的自由，反芻成為一種更開闊的包容與尊重，那麼靈魂會在更大的未來中綻放著。

Asha： 所以，在極權國家中的靈魂，較民主自由的國家靈魂來的年輕，有待學習更成熟？

阿斯卡土： 現今人類地球上，有民主國家也有極權國家，極權國家中的人們正在學習個人自由意志，在有限的國家範疇限制裡，活出超然的身心狀態。而民主自由的國家裡，也正在學習更細緻的「何謂自由」。

若以靈魂頻率提升為準則，靈魂本體就是個自由、愛與和平的振動頻率。但是也有一些人類的靈魂，在物質界學習自由已相當成熟，也會選擇誕生於極權國家；在限制性強的國家裡，能活出靈魂本質，對靈魂來說，是個令人雀躍的好學習。所以靈魂是否成熟，在於個人對待每個學習課題時的反應與呈現的生命品質。

Asha：

我感受過靈魂的自由，無形世界的無罣無礙，此生也與高靈們形影不離，希望此生可以活出古老智慧中提的解脫。

即使在開放民主國家中，我們身為人，都尚在學習認識真正的自由，個人不侵犯他人的自由、選擇自由後的承擔與尊重他人的自由……坦白講，只要有人性，只要有人談自由，就在以個人狹隘的認知裡解讀頭腦延伸出的自由，在人世間所投射出幻象中的自由。

阿斯卡土：

真正非暴力的自由與和平，是地球的願景，我們祝福生存中的每個人能充滿愛的力量，去認識內在的暴力與非暴力。

投射於外的和平，不是真正的和平，「只要我們還在用文字語言傳達宇宙真理，都還在地球故事、業力、因果層面！」但我們非常樂意與每一個朋友共同抽絲抽繭地認識舊有思惟，走向蛻變的最大可能性。

此時此刻，我們與Asha在傳遞的靈性訊息，正處在一個整合「沿襲」與「再創造」的頻率臨界點。

沿襲指的是：集體意識中，常常一直離不開「要設定安全範圍」的認知。舉例如台灣人民習慣於將自己設限於孤立、強國壓迫下的「奮」與「憤」力，無論從政治或學校、家庭教育，皆會習慣從一個較小、無選擇的角度看自己與地球的關係。

這世界的確有種氛圍，強與弱之界，高與低之分，先進與落後之隔。這樣的舊有氛圍久了，我們對靈魂、生命之本，也逐漸忽略、淡視，甚至認為西方的靈性智慧更有珍貴值，妄自菲薄地看待早已存在的靈魂本質。

靈魂的智慧在每個國家中、每個生命學習中，都有其一體兩面的力量，最困頓的地球生命在靈魂本質中，往往有著最寶貴提醒世人的意義。

在宇宙，不存在著哪個種族、姓別、年齡的靈性智慧更高或更成熟，我們不在強調靈魂的高低、成熟與年輕，而是提醒：在舊有思惟中的「缺」與「弱」，皆不是生命的實相。將舊有的精髓再創造，活出嶄新的篇章，是我們正積極傳遞給各位的。

靈魂層面，我們沒有強與弱的區隔，沒有你我之分，只有振動頻率的區別；這區別引動了所有自然法則的融合，所有的融合如此柔軟與輕盈，讓整體朝向「一的法則」。在靈魂的故事裡，你我皆是完整的一部分，所有的靈魂持續延展出絢麗的色彩，不分你與我。

⊙在多重宇宙中傾聽神性自我

Asha：

我們如何清晰地覺察出舊有思惟，辯識出它對我們影響的「缺」，守住有助力的部分，蛻變它，進入新思惟呢？

阿斯卡土：

我們一起來試試：妳是否可辨識出，在這個當下，妳內在的缺？什麼是內在的「缺」？

Asha：

頭腦層面吧！我覺得自己問問題的能力不足，寫的時候很隱約地擔心，自己傳達這些訊息時，也有個人接收上的局限，或認知上的不足；但同時我的身心享受著與祢們融合，讓流自然而然地發生。某個層面，這些提問來自於某個「不真的屬於我頭腦」的範圍，是在整體的流之中，至於來自於哪，不得而知。

如同我第一本傳訊小說《星宇》，也是在放空、微出神狀態下書寫而成，我到現在還不理解劇情來自於哪？裡頭的戲劇情節來自於哪？這些內容如何發生？是下載與自動書寫的？

CD 高靈：

來自於妳與高靈們的約定！

（這時 Asha 的靈魂示意可親自回答這問題——）

Asha 的靈魂：

在妳投胎至此肉身軀體前約人類時間的兩年，即受孕前兩年，妳已在為這投胎做完善的準備。

在多重宇宙中，每個人有許多自己的分身，無時間、空間之別的存在著。靈魂到地球物質界準備彰顯一部分的自己之前，會跟所有的自己做個行前準備與商討，《星宇》這本書就是當時妳與眾多的妳初步想完成的第一本宇宙書，戲劇故事來自於帶有不同品質、不同分身的妳，分身們貢獻當時所處的環境與空間所想表述呈現的。《星宇》是妳的分身們與高靈們的合輯。

Asha：什麼意思？星宇裡頭的所有角色都是我？不分時間、空間，但分身又有當下的時間與空間？

Asha 的靈魂：是多個妳，妳的許多分身們發生的故事！然後有高靈們的智慧伴隨！

在物質界的妳是有空間與時間之別，在其他空間的妳也有著不同的狀態……我（靈魂）就是妳的整體，也就是人們說的大我、高我、神性自我，所有訊息是我與高靈們負責「控管的」，所有妳會發生的、會遇到的人，會用什麼樣的方式行走人間，在生前與每個當下的妳，都是我做全權的決定與選擇！

Asha：那我頭腦用來做什麼？每個人都是如此嗎？

Asha 的靈魂：學習傾聽我，學習放掉頭腦，放掉所有困擾的焦慮與恐懼……

Asha：

那可以分享我如何傾聽祢？如果放不掉，就是頭腦在做決定？所有人都一樣嗎？

Asha 的靈魂：

當妳心平氣和的時候，有意願讓整體朝更合一的方向，我會幫助妳走向合一，圓滿生命。每個人都是一樣，但是靈魂會尊重頭腦的學習，頭腦有時候會讓人表面獲得成功，但卻不是在宇宙恩典下的心滿意足。

阿斯卡土：

是的，所有人類在地球的創作，都有更大的素材源源不絕地提供著。當妳提問時，也都在整體流裡，只有頭腦會去判斷好與壞、是與不是。

最真誠不刻意的問題，是非常接近敞開心的生命品質。開放的人會允許自己在閱讀書時進入相近的頻率，創造同頻共振的療癒空間。

當然，如果要在販賣靈性的機巧下創造商機或獲得名與利，跟所有地球創造速食財富一樣，妳也可以用頭腦去將自己靠攏在這樣的遊戲頻率之中，但妳可能會因為與靈魂暫且分離而感到不安與惶恐，因為妳清楚，非來自於靈魂意願與整體的宇宙之流，是身心分裂的，長期分裂則導致疾病、挫敗或感到空虛匱乏。

⊙不足，讓你有進步的空間

好的，回來談談「缺」的部分。缺少的感受，來自於妳的舊有思惟，可有好幾個部分深入討論：

第一部分：中國文化並不鼓勵個人、自我的展現，深受儒家文化影響，在尊位者高。這也是當台灣在走向民主或自由時，人民會在缺的部分反應強烈。

沒有經驗過過渡期的人，是不會重視這過程的差異。妳可以從中學習，妳獨立且自在地存在著，高靈們引導妳親身學習，存在著且開放著傳遞訊息，不卑不亢，對於所有的期待與投射，皆交給更大的整體，妳在之中與不在之中，一切都自有自然法則取其平衡。

第二部分：通靈、傳訊在過往集體意識中，始終會發生個人引用神的力量去影響故事的局面。要否定一位與能量、神性有關係的傳訊人，只要指責他帶來的能量是汙穢的、層次不高的，就可以將之定罪，在過去，是真的會被送上死亡之路。

現今社會環境，舊有集體意識中對這角色「缺」與「檢視」的部分，全部交還給他們，唯一可以讓我們和妳共同進步的則是：擴大妳的傳導能力，收與放之間是我們和妳在共同練習的，非關他人的評斷，更非關於名與利。

針對妳說的「接收訊息上的局限」，我可以跟妳分享：這世界不需要知識與資訊，是每個字傳遞出去所帶有的能量，與地球的生命在對話。我們不需要滿足對頭腦說話，妳只需要符合妳的靈魂意願，和準備好的人們分享，一個字一個力量，不多不少。

Asha：

從這個「缺」的例子裡，大部分的人看見缺後，如何在缺的概念中提升呢？

阿斯卡土：

看見缺，不用過度走極端，不用反抗缺，為了丟掉缺而去執行另一極端。妳看到了「不足」的恐懼，在不足當中，真誠地讓自己進步著，永遠有進步的空間，所以才說不卑不亢。

放掉好與壞、足與不足、成與敗，但維持在高度專注與投入，讓「優」ㄅ的部分，如享受與我們融合過程的能量場域，讓它更飽滿。取其優點，看著不足與缺，讓這流在每個專注創作的時候，產生自我療癒與整合，新思惟自然而然會形成在全身心。

阿FA：

專注在每個當下，覺知地放下頭腦的不安，內心祈願，在創作中，為自己與所有宇宙的生靈注入療癒的力量。專注會讓自身進入靈魂的頻道，全然會使人輕微出神，宇宙的新力量便能直接注入你們的全身心。

3

真智慧與舊思惟的整合

⊙ 敞開，才有真智慧

Asha：

請問古老智慧延伸出的各種宗教與傳承當中，保有的真智慧適合現代社會嗎？什麼是真智慧？有真智慧的人和一般人有什麼不同？

阿斯卡土：

真智慧是來自於「恆定的宇宙場中」，穿越時間與空間，並無古老與現今社會的分別！撇見真智慧，如同妳們靜坐、靜心時，意識擴展，對準頻率至我們正在提的宇宙場，宇宙場穿梭至每個尋找真理的你們之間，一剎那，我們與你們合一，不分彼此。

也可以說，阿斯卡土不存在，偉大的佛、耶穌不存在，是意識場的串流；你們的生生世世也不存在，是人間故事印刻出所有未曾存在的生命記憶。地球使每個空間的妳／你誤以為，妳／你屬於這些故事，這就是地球實界的時間、空間限制。

宇宙真智慧一直灌注，或應該說，同時與你們、地球所有生靈同時存在，不曾分離。如何找尋呢？人類不是要找真理、找開悟，是讓原本已存在的，如實反映於「生命（現代社會）」。

與真智慧並存的習行者，在古時代也會呈現出宗教思惟的認知與框架。我可以說，真智慧行者千變萬化。

放眼看地球，有行者會選擇轉世成一頭牛，生活於毫無人煙的荒野中，祂的行住坐臥不曾被人類細細端量模仿，祂始終於宇宙真智慧之流，如實於啄草中的自我。

也有行者會住進臭脾氣的形體中，肢體隨性無拘束，啃讀大量古老智慧經典，孤傲不流俗與不屈服。當然，也有高雅的行者，舉手投足從容，眼神銳利，十足的定慧者。

具有真智慧的人，已敞開於宇宙恆定場的朋友，跟封閉於無意識的朋友們，有何不同？

具有真智慧的人未必是你們投射出去的聖者、完人，更多是：在人類情感中能取得宇宙智慧的支持，在面對萬世浮動中始終維持住生命中軸，恆定與維持定見。但是他們是有人味的，不是模仿自認為的聖者、完人！

完全封閉於自我、人類情緒毫無知覺於宇宙的人們，如同一個機器人，被故事中的角色完全控制與硬化，生硬地操演被設定的角色，完全沒有人味。人類情感溫柔又感性，放在機器人裡，像是在氣炸鍋中延伸出無法想像的負面思緒與傷害……

所以，我們可以放些軟體，來敲開機器人的控制盤，藉由生命課題不間斷提醒，有點縫隙之餘，注入宇宙最大祝福。

智者求真知，也惜真知的到來，愚者嘲諷智慧的到來，那就在於個人的選擇與權利了。

Asha：

剛提到要放些軟體，來敲開機器人的控制盤，什麼是軟體呢？軟體是與生俱來的嗎？

阿斯卡土：

軟體指的是宇宙的祝福，注入並且喚醒身為人類本已俱足的智慧，是大宇宙與小宇宙的相遇。

人類總需要不停歇地重新憶起，自己跨越於實相與幻境之間。幻境會帶來氣炸鍋的反應與效應，在有限的頭腦意識與身心局限中，透過面對事情持續加溫，呈現出生命此生的學習。

我曾看 Asha 在廚房操作氣炸鍋輕鬆自在，在自己感覺的時間裡按下按鍵，從食材到時間的設定都一手完成。這就如同人類選擇投胎成為「此人」時，靈魂在挑選想練習的素材、想經歷的、最終的靈魂目的，這些都來自於靈魂的提出，與存有們共同商討之下，完成此生的靈魂藍圖。

靈魂沒有局限於肉身時，通透自在，直觀遠視合一目的願景，自性中毫無疑惑地為自己按下生命藍圖的設計鍵。氣炸鍋加溫過程中，物質界在持續增溫，產生碰撞質化的撞擊中，是人類們很棒也很挑戰的學習！

一腳在物質、一腳在靈性，一心在合一、一心在經驗挑戰，允許自己蛻變出最美味的生命食譜。

⊙ 在浮生亂世中如何維持恆定？

Asha： 請問真智慧之人與尚處於封閉無意識之人的相遇，會碰撞出什麼樣的學習與提升呢？

阿斯卡土： 會先測試具有真智慧或在靈性修習路上的朋友們，是否有「足夠的信心與包容力」。

機器人的軟體因緣未俱足，直到引動觸發前，人格面會不停地以習慣的方式面對外在世界，都是為了捍衛內在恐懼與脆弱的部分。真智慧之人面對這些人，初期也許在一個很平凡的聚會中相遇。以人格面面對外在世界的人，往往缺乏敏銳度，去認出或共感於宇宙智慧的人們。

在集體社會中，我們以身分、職業、名與利，模塑一個人的外在形象，內在的智慧與光芒往往不會是人們的第一考量。

俱足真智慧的人會以引導、傾聽，或平等心對待，面對眼前的粗糙與人格探視保持開放與謙遜的態度。若你們因為這樣而感到受挫或不安，表示宇宙在提醒你們更深入內在，且更信任於所有的安排。

在這蛻變的臨界點，是往上大提升的機會，也是停滯或妥協於舊有模式的時候。所以要更穩定住自己，茁壯力量。

修習道路上的人要做的，不是滿足個人自我的傲慢，或期待某種智者的「身分」被尊重；更多的是，讓這份從內在絲毫無法作弊造假的靈性智慧，真正地發散出來，堅定穩穩地在生命的靈性道路上，不卑不亢，走在自己的生命道路上，更靠近靈魂初衷。

即使每個人相遇都有些靈魂的學習，永遠要記得，個人習得的光芒跟靈魂願景相關，俗世間的所有經驗，在更大整體中，在人類靈魂的生命之河中，如一粒沙、一道水波漣漪、一片落葉，遠處直觀生命，宛如幽靜長河，無牽無掛。

對了，也請記得靈性的道路不是隔絕他人、區分他人高與低，真智慧的人有能力辨識出，到眼前的人內在小宇宙中的軟體，知曉正被誘發的契機，支持他們走進對的道路中，不迫使發生，也不輕易放手。

Asha：

跟祢們帶領我一樣，當我內在有意願正視自己的「盲」與「缺」時，我打開了自己的開關，宇宙便會源源不絕地支持著我，引動大小宇宙的匯集與融合。不過，這個開關在浮生亂世場域之中，如何能維持恆定呢？

阿斯卡土：

一直在提醒，凡事一體兩面，要穿越晃動混亂的場域，需要更持深的內在定力，也要對生命有探索真理的極大決心。

當人類處於生命威脅時，面對死亡帶來的恐懼，看著恐懼、直視威脅的時候，加速使自己身心茁壯，長出更強大的心靈能力，啟動這大小宇宙場流通的開關，增強自身身心的免疫力。

在面對病毒或戰爭侵犯傷害之前，喚醒身體透過內在強大求生與絕對的信心，使自己儲備了所有正向的可能性，不因外界的混亂，而將個人自由意志剝奪或摧毀。

你們有絕對掌握生命與生存的能力，凡是遇到在靈魂意願之外的生存威脅時，當下學習將自己視為宇宙本體，持有神聖不可侵犯之權，無限擴大，允許生命之火燃燒出生命力量，無畏無懼，定中之定。

Asha：

在這樣動盪的地球場域中，極端的勢能強勁地在影響我們。舊思惟與新思惟交替中，阿斯卡士建議使用什麼樣的方式或工具，幫助自己穩穩地定錨於世界之中呢？靜心是唯一可以深入內在的方式嗎？

阿斯卡士：

宇宙間的神祕禮物可是一籮筐，等待有心人發掘！

舊有時代，靈修、宗教學習、儀式、靜心練習，都寶藏著一共通真理——愛的力量！「愛」協助連結至宇宙之愛，將愛的源頭重新與自己接軌。

許多已逐漸消逝的古老經典，蘊藏著來自於恆定宇宙場的下載，各種練習法門、靜心儀式都有其珍貴可取的部分。迎向新頻率、新思惟的蛻變期，將這些智慧之法再注入新力量，讓苦行修法的人們，可以更輕盈與更具時代性的廣及於大眾。

過去，當人們想起操行靜坐時，對於鞭策自己重複性的練習，總是信心不足。新力量指的是開啟連通大宇宙的那扇門，允許宇宙資源如同大容量庫，持續地引動身心細胞，在宇宙能量流裡不停地更新。這時候，每日的古法練習，就會是一種相得益彰的輔助工具。所以接通內在小宇宙與大宇宙的力量，是我們來到地球重要的靈性任務之一。

⊙開啟大小宇宙接通的鑰匙

Asha：

聽起來這新力量指的是：人類要找到這把開啟大小宇宙接通的鑰匙？大動盪的時期，宇宙也會灌注更龐大的支持，禍福相倚。尋找到這把鑰匙，會讓人們在舊有的修習中，更好地提升且走入捷徑，事半功倍？

阿斯卡土：

沒錯，大致上可以這麼說。但這把鑰匙只有那些充滿強烈靈性提升、有意願解脫人世輪迴的人們有機會尋得！懶惰或停滯於需要被幫助的人們，最多也只是釋放情緒與安撫身心。

太多太多美好的祝福，都在於你們的個人意願。

舊有思惟的人們，最喜歡迴避跟自己相關的學習課題，困在當中，缺乏信心。在此刻的蛻變期，可能會格外辛苦，因為將力量交托於外，期待更大神性的庇護而等待著，遲滯不前。我們只能說，那就將自己的腳掌找瓶強力膠黏好、固定住，以免晃動時摔了大跤。你們沒有強烈覺醒的意願，我們全然尊重與包容，後會有期！（呵）

Asha：

請問如何找到這把鑰匙？

阿斯卡土：

A do wu ka shi who wa（阿都屋咖師平挖）。願開啟宇宙之流，讓靈魂與之共同協助。

Asha：

就這樣？每天唸？唸幾次？多久時間？

阿斯卡土：Asha不用做這功課，妳早已擁有這把鑰匙，妳的部分反而是在學習認識各種生命故事，如何從最黏滯的生命狀態提升至輕盈的狀態，穩定強壯妳的身心會是最重要的。

（Asha：我們私下聊，把篇幅給大家！）

阿斯卡土：唸到成為下意識反應！像別人叫你們的名字般，毫不猶豫地喊「有」。讓它成為你們的一部分，刻印在某個空間中，與你們共處。

Asha：我半信半疑，就唸這句話能找到鑰匙？

阿斯卡土：為何妳質疑呢？就如同我如果想開車前往某個地點，距離那個地點有三百公里，我看油箱需要更多的油，才有可能避免油耗盡的風險，妳肯定會先找加油站，加滿最適合這台車性能的油品，然後上路。聽起來是個平凡易懂的行為對吧?!

這句宇宙引用語，就如同到加油站請加油站服務人員協助注滿油品的溝通與請求，提出了就有可能被提供服務。沒有設想過多，或沒有意願讓自己解決可能會發生的障礙，急忙上路的朋友們，就可能面臨油耗盡時需要尋找加油站的危機，或者半路停在某處等待救援。

開放覺知，允許小宇宙連結大宇宙，在最動盪的蛻變時期，加好油，安心上路。我們只是提供了一個很棒的可能性。神祕的語言，卻有著開啟的力量！

Asha：

再請問，阿斯卡士提供的 **A do wu ka shi who wa** 的鑰匙，是類似古老咒語或 Mantra 的音聲嗎？古老咒語也能注入符合時代性的思惟意識蛻變嗎？

阿斯卡士：

是或不是！古老咒語的確是個通往宇宙的震動波，引領你們更靠近更精緻的意識頻率，許多咒語再直達宇宙本體間，與人們搭起了美麗的橋樑。

古老咒語能注入的是喚醒生命的本質，生命本質是在一恆定的宇宙場中，當然也是能協助人穿越種種障礙，回到宇宙合一的震動波。

這句宇宙引領語 **A do wu ka shi who wa**，所具有的意義是：瓦解附著在身心、頭腦的舊習氣，允許最具洗刷力道的宇宙力量進行敲磚鑿壁之效。它並不是古老的咒語，是為此時期量身訂做的召喚。

動盪時期將一體兩面的大勢能善加融合，借力使力創造出蛻變中的最穩定狀態，因為要駕馭這股勢能需要強大意願與決心。如果只是在生命中尋找開心或欲望滿足，我們不建議使用此引領，它不會回應你們局限的請求。

⊙讓自己成為真智慧的存在

Asha：

使用這引領語，有副作用嗎？

阿斯卡土：

有，副作用就是你的頭腦、多疑與恐懼。

人們最大障礙就是缺乏臣服的信心與勇氣。當身心塵埃淨化中，感知會擴張，身體會產生許多的變化，對原本生命理解的崩解，頭腦認知的瓦解，這些都是開始的過程；逐漸地，越往內在穩定與強壯心智，無畏懼地往前，許多事情自然會匯集成最好

宇宙引領語：
A do wu ka shi who wa
（阿都屋咖師乎挖）

的狀態。

身心靈整合的過程，你們會有些異樣的、與世俗衝突的感覺。但記得，要在舊思惟中跳脫成你們個人獨特的新思惟力量，但不要捨棄或否認任何早已存在的。在世道混亂之時，中道是最能接地氣與往上提升的好道途，極端只會引發更大的極端、分裂與撞擊。

內在小宇宙與更大宇宙緊密共振時，人們會從內在散發出祥和靜逸的靈性品質，充滿對生命的敬意。這將是對地球提升至高次元最好的服務。**A do wu ka shi who wa**。

Asha：

宇宙的祝福和能量一直都在，我相信每個人都會在某個時刻感受到這份祝福，但在世道混亂的生活裡，如何能讓這份護持的祝福恆定持久呢？

阿斯卡土：

很好的問題。延續上一個問答。

學習過程就像是孩子們練習寫國字，需要些熟悉的訓練過程，讓文字的形狀、筆畫和組合結構，有個較易懂或上手的方式逐漸熟練，這當中要運用些記憶和反覆練習，輔佐國字筆畫部分能熟能生巧。所以我才說，當宇宙引用語覆誦到成為下意識反應時，如同每個國字串連起來成為有意義的文句，意義才會逐漸產生。

宇宙引用語召喚光的到來，身心沉澱安靜下來，我們便可以深入去體會生命之流與宇宙交會之美與力。

另外，透過閱讀、上課或與善知識交談，是個宇宙加持的過程。往往與具有真智慧的行者交流，帶著珍惜與開放的心，接收他們智慧的結晶，看著智慧者的生命與我們當下的交會，深入覺察會發現，有強大的助力將已經準備好提升的你們往前推進，就是你們說的開竅。開竅就如同頓悟，會在因緣合和中激盪出來，要準備好，並且有強烈意圖的接引，才能擦出強大的提升火花。

最後回應妳提到的，為何與善知識交會後，那份感動與愛總是無法持久？在人的習氣中忽暗忽明？

因為勤於精進是最重要的基礎，在任何超強法門之前，天真的以為如同學國字、多看幾回就會熟悉，那麼只停留在「明白」或「以為已經知道了」，遇到蛻變的好時機或強大力量的加持，根器不穩，就白白浪費宇宙乍現的契機。我們要有絕對意願深入自己與外來的祝福，相輔相成，抓住每個蛻變的好時機。

Asha：

喔！所以自己願意下功夫很重要。許多人依賴著更大力量，上師、高靈、開悟法門……等，希望透過祂們，可以直接被帶進生命的實相。菩薩要將我們帶入法，也要我們有所準備和自持，否則也是擦身而過。

那請問什麼叫做好準備呢？如何讓根器更穩呢？

阿斯卡土：

如生活作息正常、鍛鍊身體健康、選擇潔淨的飲食、接近大自然，這是最基本維持身心平衡的重要要素，也是穩定根器很基本的。接著，在選擇跟自己相應的宗教與法時，敞開並且帶有覺知，善用各式法門提供的練習與工具。

宇宙間沒有一個宗教或法門是完美無缺、為你們量身訂做的，就是我們書中時刻重覆的：這把鑰匙在你們的手裡，精進意願強大的，會吸引同頻共振的祝福與貴人，相互提攜，開啟並擁有這把鑰匙，維持住小宇宙與大宇宙的穩定流動。

要鍛鍊根器穩定，請記得，真誠喜悅地進行靜心，開放享受地練習著。靜心或練習重在內心從事這件事情的品質本身，不在囫圇吞棗，滋生妄我。接觸任何一法門，初始都需要勤加練習，直到智慧內化成自己的一部分，做到了，心裡會清楚知道的。

⊙ 給自己的情緒反應一些空間

Asha：

我即使可以接引到高靈或神性們的訊息，但對於發生的事情或遇到的人，還是會以慣性，對於自己第一個出現的念頭做反應。我們如何分清楚是直覺還是慣性反應？

我也發現，在一個團體中，如果主導者的頭腦判斷與認知強烈，也會將整件事情帶往到另一個局面，有時候會有失真或遠離靈魂初衷，讓整體無法在創造流上前進？

阿斯卡土：

請大家放輕鬆喔！要信任自己已在直覺流上，是很重要的。所有人都在更大整體中，從來未曾分離過；身處在宇宙靈感之流，是每個人天生被賦予的能力。

我們要引領你們的，不是否定原本有的念頭或慣性，而是在更大整體中清理雜質，去經驗根植於宇宙和你之間最本質的樣貌。缺乏信心或恐懼，反而讓自己內在小宇宙與大宇宙之流會被阻斷。當妳說分不清楚是慣性還是直覺，就已經讓頭腦進入判斷了。

此時，練習放輕鬆，信任與無懼宇宙的帶領，內在宇宙之流才會因為意識的開闊與敞開，而有更大空間可以流動著。我們要淨化的是慣性反應升起的態度與情緒，不是用頭腦介入分析直覺與習慣反應。

讓自己內在時時有空間，即使你們有個人投射，或者對方的習氣、態度擾動了你們的認知。

你們要分清楚的並不是誰對誰錯，例如你們的直覺是對的、對方是錯的。你們彼此相遇會形成的狀態，都是生命帶你們去看到自己尚存的雜質，這就是我們在說的「缺」，抓緊機會看到這個缺，清理它，看見傷口引發出自己的不自在與缺少，接受這神聖的禮物，看見它、接納並且釋放它，你們就離本質又更近了。

逐漸地，宇宙靈感之流會更輕易地推動著，介於靈性與物質間的你們，行走於地球的載體——人類們，走向最佳創造顯化之流。

靈感帶來的順流會心生喜悅，頭腦創造出來的氛圍會產生壓力與緊張，主事者若還未在一個最適合團體的流上，參與者就需要加深祝願團體的能力，不讓自己也進入情緒和慣性氛圍，動彈不得。有時候，我們沒法輕易改變頭腦認知強烈的人，但我們可以祝福自己，與信任更大整體的發生。

Asha：

阿斯卡士建議如何清理？越接近宇宙靈感之流的人，他們所說出來的言語和行為，會更有影響力嗎？

阿斯卡士：

每個人都有與生俱來的天賦，在對的位置發生對的事。宇宙會符合靈魂之願景，在靈魂最大意願中逐步顯化。

一位很好的廚師，在與食物之間，會透過靈感直覺，創造出會說話的料理；一位對數字敏銳的人，可以在數字中找出整體可開創的最佳值。

每個會與你們相遇的人，一定都有很可貴的天賦潛能，唯一不同在於，有意願深入探索還是忽略它的存在。

清理自身的人，會讓自己更靠近靈魂的初衷，在對的角色裡展現最充沛飽滿的自己，自然而然地，氣場會在身心周圍無限地擴張。氣場擴張如同一朵盛開的花朵，美麗的芬芳散逸在每個人的心中。

如何清理自身呢？當情緒或習性的反應來自於內心的負面記憶，比如共同合作者在互不熟悉的狀態之下，彼此磨合的過程，會碰撞出自己積生累月形成的認知。當彼此認知的差距產生時，抓住清理自己的機會。如對方讓自己憶起了某個不愉快的感受，看著感受或情緒，也同時看到頭腦想要控制和干涉的。

如果大家認知上都想要整體更好，具有宇宙意識的朋友會先選擇，當認知和反應升起時，先給自己的情緒反應一些空間。在這時候，邀請更大整體宇宙之流進入你，敞開地召喚清理的能量，信任永遠有更大整體的力量，幫助著你和團隊共同前進。讓自己的障礙和執著暫放某個空間，讓宇宙之流傾心地為你們每個人服務，創造最佳空間與彈性。

帶著宇宙意識深入探索自己越深，習氣會慢慢地在每個交會中消融，影響自身的時間也會越來越短暫。這時候，走在前方的人，若能帶著對眾生的慈悲心，以善意引領夥伴們天賦潛能的發展，地球也會逐漸形成互助共享的能量氛圍。地球被清理的越透徹，揚升的速度也會隨之迅速。

⊙有情就有執著

Asha：

剛剛阿斯卡士提到，進入新思惟的意識之中，不捨棄舊思惟。可再清楚地談談，哪些舊思惟是可以守住，哪些舊思惟會直接影響個人生命的輕盈度？如何認出生命包袱？在人的身體、心理層面可以分辨的出來嗎？

阿斯卡土：

很實際精準的問題。我也讓自己不以打禪的方式轉繞大家對新與舊的認知。明白說，舊思惟在各個層面，都會直接影響一個人的各個面向。觀察一個人的身體姿態、言行舉止、眼神，甚至身型、體重。

從舊有宗教、精神團體思惟作為舉例，凡是在一個體系，若存在一位模範大師作為依歸的制度或準則，即使上師們充滿智慧與覺醒的力量，弟子或學生們之中，能將自己視為獨立個體，或吸取當中生命智慧、滋養個人靈魂茁壯的人，絕對不在多數。

地球之所以有宗教的產生，是因為有二元對立生命事件影響著人類們，需時時因為痛苦或分裂，憶起宇宙的完整與合一。

依賴和寄託會先從物質界產生，人們內在聲音說：我們需要有個龐大可信賴、存在於物質界的形象，讓我們投射出內在所缺乏的安全感，遵循著可見著的可能性，追隨開悟大師與上師們的步伐，終會到達彼岸。

上師們或真正開悟大師們會十分了悟，他們與眾生在地球之緣只是面宇宙之

「鏡」，宇宙之「境」自在人心，模仿不來，也無法代替眾生規劃出一模一樣的回家之路。離回家的路遠或不遠，在個人也在靈魂意願中。

在無形空間不以肉體界存在的高靈們，並不存在著妳剛提的生命包袱，因為在我們這空間，唯一實相是「光」與「一」；當我們不親臨肉體實相的重量，我們能帶給人類的就是高意識的傳導。提醒你們，除了感官之外的世界，存在著「如何揚昇」與「融入整體中」的透明與輕盈度。

上師們的生命包袱，就是弟子們的苦，與體系中大家所注入的情執。只要是人類都有情、有執；只要是有團體關係，所有人都在氣場間相互影響。

靈魂交會過的，會記憶在身心之中，有情就有執著。

超越輪迴的導師們，往生後，會回顧所共同經驗過的眾生與弟子們。真正了悟的導師們，會持續在宇宙中，以光的形式看顧著弟子們，祂們信任每個在地球播種過的生命種子，會在生命最美好的安排中開花並結果。

也有上師們會再度乘願行走於人間，這些偉大的菩薩們，只因不捨你們還在娑婆世界中迷茫，這份情牽使祂們再度回到地球。偉大、乘願的背後，就是生命的包袱。將眾生的苦視為一再一再乘願而來的導師們，會以苦修的宗教觀引領人們，人們也會在整體形式的能量場中，將上師、老師們的指引放置在身心當中，並將眾生之苦背負在每步行走的道路上；背負久了，會忘記把握住與好好呵護，內在小宇宙與大宇宙之間，那份生為人的輕盈與喜悅。

人們可以緬懷或讚歎上師們的偉大，但也要清楚明白，那份偉大是我們所投射出去並且期待的，他們是面鏡子。彼此祝福，信任在某個更大整體中，靈魂持續在祂們的互擁中閃耀著光芒。每個當下，拿起生命的種子，全權負起對自己回家道路的意願，追隨內在小宇宙的指引，成為獨立且輕盈的個體。

當你們尚未憶起自己是誰，尋找的道路上，會收進也許不全然適合自己的思惟，稍岔些神，時間久了，會成為有重量的包袱。而這些年，是個非常棒的機會，好好釋放且將重擔卸下。你們有所有權擁有內在大小宇宙的鑰匙，透過每個階段的覺察與清理，讓這些粗糙不適用的意識思惟，騰出空間，盡情蛻變。

如果你們在一個宗教團體中，學習在其中，卻又不盡然在其中。請讓當中的所有人彼此能量釋放吧！情繫於宇宙，人類執著的是回到合一的渴望，從來就不曾是你們在地球的任何一片記憶、一個人或一份未了圓滿的因緣，而是輕盈自在人心。

4

對焦宇宙合一力量

⊙靈魂的重量

Asha：

剛提到背負太多需要清理的舊思惟，從姿態、舉止甚至體重，都可以看的出來，可以詳細說明這部分嗎？

阿斯卡土：

你們知道靈魂有重量嗎？看不見、摸不著的靈魂與身體接觸後，氣體會在身體周圍形成一層如膜般的氣場，氣場有它存在的重量。氣場是：你們身心在地球當下，此時此刻跟宇宙的關係，你們個人的生命實相。

十二歲前的孩子感官大都開放，潔淨無瑕的時候，閉上雙眼，關掉往外的視野感官，用身心覺受去感受這環繞的薄膜，是輕而易舉的。許多人在十二歲以後，逐漸忽略這能力，也接受太多外來思惟的覆蓋，從頭腦開始為自己的人生築起生命之巢。

有些人在固定遠離靈魂意願中築起生命的巢，有時候接受舊有僵化思惟的浸入，人類們為自己無意識地編織出生命的氣，無論是家庭觀念、社會價值觀或甚至宗教理念……等。氣場受思惟影響，逐漸囤積於身心；當氣場的氛圍與質地越厚重，身體要能平衡這些差異性，會以略胖作為與氣場間的平衡與支持。

氣場厚重、包袱繁複的朋友們，有著其寬大包容的心性，因為已身已經驗過無數的人性與集體意識的共存模式。

當然也有身體天生因為物質界基因遺傳而身型碩大，這些也都會跟情緒或累世有直接關係。要使自己身心靈都輕盈健康，就要多多下工夫了。略胖的人可能習慣嗜吃，以吃進入身體平衡，又一直往外負擔與支持他人的能量場。可以好好覺察這份施與受間的平衡關係，改變習性，取代舊有模式。

藉由改變思惟，讓身心狀態逐漸蛻變成更輕盈的意識後，你們不用拚命喊減肥，瘦自在氣場的蛻變之後。

Asha：

那麼較瘦弱多病的人呢？氣場應該較輕盈、更靠近健康啊？

阿斯卡土：

妳都已經說瘦弱，生病體弱的氣場會比正常值更削弱與單薄；生病的人氣場是往內縮，或有些破洞缺口的。有些人纖細瘦小，但是氣場是飽足扎實的，就不會有體弱病態。

一個人若長期「服從於」某些精神規範，無意識地壓縮個人的需求，欠缺深入自身探索的能力，沒能協助自己內在真實力量的覺醒與湧現，即使是偉大佛陀、耶穌的陪伴，都無法阻擋妳們個人選擇。

個人囫圇吞棗地將智慧吞入，轉變成填補內在空乏與失去力量，無意識允許規範教條綑綁，規範式的填鴨成為個人的包袱，會制止了個人生命的擴展。

舊有思惟中，好多好多規範教條的好學生，失去力量、循規蹈矩的人們，氣場會與身材漸次相近。身材西洋梨型或苦行者身形瘦弱，個人智慧場（上三輪）略顯削弱無開展，下半身積厚沉重，成為一位智慧複製工匠，很認分地執行著，是執行規範的忠僕；且身形瘦弱面相苦擔，心慈壓縮自我，久了，將生命天然的氣築起了框架，讓生命的氣暫缺活力。

Asha：

我知道阿斯卡土並不否認古智慧經典的重要性，但如何避免在眾多智慧之中，流於文字表面的模仿，與局限於表面的教條呢？祢在說這段身體型態與氣場是一致時，我想到許多東方諸佛菩薩也有樣貌福態？纖細體瘦？

阿斯卡土：

所有傳承下來的經典或智慧語錄，是帶有宇宙力量的，即使經過後代世人的轉譯與口述，它本身帶有的宇宙精華是並存的。

當我們說信任與臣服於宇宙時，是讓敞開與信任的自己在臣服的振動頻率之中，讓宇宙精華自動輕易地流入個人。當然這跟個人生命狀態有相當直接的關係，所以每個人有自己求道的步伐與機緣。

如果個人帶著強烈檢視與批判的態度來討教智慧本身，那麼宇宙也會很有智慧地回應頭腦與個人的需求。

如果個人缺乏力量與探索的能力，那不是我們在說的敞開與臣服，個人也只會聽到他們想聽到的，想被安撫或滿足。請真切活出古老智慧，邀請古老力量，洗淨千年來我們所曲解與尚在懵懂的自我。

身體型態的美與不美，是源自人類的眼光，我們在聊的是包袱、負重與氣場。上回在一個大廟宇，我見著了東方偉大的彌勒佛，彌勒佛在眾人的形象中，身形福滿，祂的氣場貫穿古今中外、現在與未來，涵納千萬人世間情事，人們賦予了祂龐然慧頂的身軀形象，在祂身上，妳見不著包袱。但在芸芸眾生中，見到情執、見著負累，妳看得見氣場上的故事與沉重。

妳知道我在說的，那是質地本身的不同，氣場的印記在身體肉身中顯現了包袱，彌勒佛莊嚴法相，見到了無極限擴展與涵容納世的心量與慈悲。

⊙ 以更高意識互助共享

Asha：

什麼是彌勒佛？

阿斯卡土：

地球正在蛻變成另一個次元與頻率。如果地球是一尊偉大的佛，佛裡頭包含著地球所有大小事，人們總會以為，蛻變後就會進入更美好的境地，把彼岸或未來地球想成一個樣貌。但是想要跟大家釐清的是：佛本是我們的更高自我，更高自我如同會開花結果的花苞。也就是，每個人神識的振動頻率邁向開花的道路上，是需要經過淬煉與許多經驗鍛鍊的。

更高自我的神識頻率快速地在轉動，人類的個人自我就如同花朵，正面臨外在環境的挑戰。自我太過分裂，與更高自我頻率差別太大時，就像現在見著的地球，意識分裂，天災人禍頻繁擾盪。

地球在蛻變過程，就會面臨個人自我的挑戰，使我們的更高神識自我，在含苞待放的過程中，需要更強大於地球之外的神聖力量進入護持。在銜接未來與現在間，原本已存在的佛，已在歷史中逐漸被未來力量，也就是你們在說的未來佛——彌勒佛或彌賽亞所支持著。

我試著不以宗教範疇來解釋這一切，Asha 在訓練過程中，有一個與白長老精神團隊的約定——不涉及宗教。我希望以符合這樣的精神為各位解說。

更高自我在過去幾百年間，在修持與經驗地球的，就是讓人類在物質界中不斷地發生巨大的創造，為的是服務人類自我在物質界的經驗。

過去是人類在穿越物質、在因果故事層間的關係與震盪。在遵守地球法則中，人類們以個人自我的聰明才智，為自己創造城邦，為自己製造貨幣，為自己製造便捷，也為自己製造醫學提供身體的治癒。所見的物質界開發與創造，都是為了重新檢視與明白，靈性在地球物質界可再深入扮演的意義。

過去我們依託宗教或某位神性權威給予力量，帶領著我們前進，靈性似乎是個離物質尚遠、虛無飄渺的精神依歸。當然宗教給了很棒的支持，規範著人心的不安與寄託，時時提醒，有更大的存在在地球物質界之外。

神性看顧著大家，也嚴控著人心，這樣的規範扮演著人類物質界進展時的約束，讓人心不會過度膽大妄為地以為自己是全世界，而拒絕與照顧更大整體中的地球。

隨著物質界的發展，我們來到了一個瓶頸，「我們」指的是看顧地球的所有神靈、存在、光體們。幾百年來，你們物質界的發展所製造出的地球太過繁縟笨重了，像極了西洋梨身材，在銜接這即將到來的未來世界中，有著許多的斷層與危機！

三百年後的地球，是一個充滿靈性的世界，物質界同時存在著，但更為精緻與節約能源。那是一片光的能源提供著各種科技發展，人類空間變大了，因為個體間要占有的欲望與領地變少了，所以聚落間私有占領的概念也少了。

舉例你們需要的購物商場，會統一在一個據點發生，點到點間只需要一個，就能遍及到更多地方。人類居住環境會往上升高許多，現在是高樓大廈，將來是雲朵間的空中高屋，你們不再受地震與海嘯的威脅。

在將來這些發生之前，未來佛或彌塞亞是一種更高自我帶領個人自我的意識狀態。更高自我就是靈識、神識、靈魂的力量，彌勒佛的振動頻率就是豐盛與靈性世界的合一，更靠近一，更去蕪存菁地捨棄與剔除個人自我的執與貪。

現在的地球有貧窮有富裕，這不是真正的豐盛，因為尚有許多人連生存本身都有問題。所以人們只能因恐慌，拚命不停地追求富裕，由於生命間缺乏以人為本的敬重，名聲權力成為了很好用的方法。

在未來彌勒佛或賽彌亞意識中，護持著地球的力量中，要教會人類，以更高意識互助共享，教會人們知道均富。

將來會有更節源的超速科技，縮短時間與空間的限制，運輸便捷，使得現在困於貧窮落後的國家，更易於開發與支持。

那些還保有原始的土地的國家，有著提供已經開發殆盡的國家們很重要的新能源支持；尚未開發的土地與還維持在蠻荒的大海裡，有著可以取代現在你們爭議的新能源。未來世界唯有互助共享，讓地球朝向均富與充滿靈性，才是地球的最大光景。

⊙ 時時對焦在宇宙強大的合一力量中

一位新存有的到來~

（是位過往曾以經典為生命道路的智者，在地球轉世經驗六次，每次經驗，都在圓滿狀態中解脫於輪迴。但因對還在世的徒兒們有一份牽掛之情，乘願再渡眾生，祂宇宙名字是：斯納圖，意指「涅槃的孩子」。）

悟道者斯納圖：

智慧能反芻且對應到靈魂目的的好友們，有時候在求道的道路，我們失望、失落、沮喪、恐懼、牽掛……也有時我們前進一丁點，停滯了好久，才又驚醒……自己要再前進了。

我在世的時候，即使可以將智慧說的讓人們好懂（那是因為我的天生能力是個很好的轉譯者），但是求道的道路跟你們沒有分別或者在你們之前。

講道時，全宇宙的祝願使我儼然進入某個開放的神聖頻率，在求道路上，我與各位不曾分開，同在一個場域中互相提攜前進，互相成就。知道在每個生命狀態中，肉身的我是宇宙的傳導橋樑。「自我」在這當下，也是個與各位毫無分別的聆聽者，靈魂與宇宙透過物質界的「我」與各位交會，謙卑的肉體允許宇宙的力量點亮諸佛菩薩的文字經典。

接收宇宙蛻變的力量，需要極大的信任，深知在純淨的自我與純淨的心靈中，自有其智慧接收所屬的指引，去蕪存菁。

你們要判斷、檢視的不是傳導的橋樑或老師們，「請記得，能否悟道，掌握在你們手裡，不二法門在你們的決定與意圖」，非關外境所帶來的。好比一個醜陋無比的邪惡力量，卻喚醒你最真切的心境，那把利刃尖銳但深具慈悲，是宇宙在世間最直接並最具提醒意義的顯化。因為你們承受得起，所以不耽溺或蹉跎於世間的迷茫，承接起的人，會看到宇宙賜予的禮物。

幫助自己成為最清明的學習者，要有開放的心靈與絕對的信心，信任宇宙會給你們最好的帶領。

Asha：

許多人對於悟道、解脫並沒有強大的信心，認為是件無法觸及、到達的境界，或者壓根兒都沒想到。對大多數的人來說，能使生活與心靈順遂，已經是芸芸眾生最大的祈願。祢們在說的悟道，這些超越輪迴的智者，跟過往我們對宗教的核心權威，都是一樣的態度：祂們好偉大！也就是說，既遠又高深莫測，難以掌握與實踐。

阿斯卡土：

哇，妳正說出舊思惟的框架。宗教塑造出來的權威感，與未來神性權威的瓦解，都在同一個概念。

魔會毀滅即將成為散沙的宗教……請問魔是誰？是某個空間來的存在？正法治理的娑婆世界會被另一股力量挾持，跟人類們的侵略戰爭是相同概念嗎？

物質界以物質層次的頻率，讓人們對靈性有了初步的概念；緊接著，靈性層面的新思惟，會引導人對於「外在某個神性權威的被取代」或「妖魔占領全世界」一說，做個深入的分享與調頻。

一個地球強烈震盪於二元對立的晃動中，但對於宇宙整體如蒼海之一粟。就如一隻小紅蟻的生死之間，絲毫引動不了行走於身旁的人類持續相同的生活。我要說的是：因為宇宙之強大，對焦校準在提升的頻率中，是當務之急。

過去，人類們既沒自信因智慧而解脫，同時也夠狂妄於自我。幾百年來，物質在地球以爆發狀去進展與發生，是人類們的聰明，開始認識身為人類們肉體的可開創性，全然的經驗著，共同譜寫地球共業的篇章。

但「過度追求物質」的反作用力，使得人類失去靈魂合一的準則。當然，這當中仍有許多美麗的善行，也以物質界的方式，持續平衡著人類底層的生存恐懼。宗教權威、法的力量，是很好的引導者，在物質掛帥的世界身後，有個靈性的指標，以方便人類們在物質界中，能與靈性有著實踐與連結。

宗教故事記載著，末法時代，魔將到來？老話一句，魔在你們的內心深處。全人類靈魂整體在宇宙的保護下快速提升，肉身的你們為了要快速跟上腳步，內心的神性與魔性也會赤裸得被撞擊出來。你們恐慌於護佑人類的偉大力量將被消滅，強大法的加持力量，也許正在被邪惡的力量掌控？

放下恐慌，永遠記得宇宙之強大！神性的偉大權威是：人們在舊思惟的投射中，忘記了自己的可能性。如同將嬰兒放進泳池中，他自會從他的身體重量、擺動中，與池水共振出游泳的模式，從容自在。嬰兒沒有被死亡的恐懼威脅，他很清楚地知道，如何將儲存於內在最天然的生存模式展現給成人們看。

末法時代的佛永遠不會消失，祂只是扮演著提醒人類們往內找到自己最自在的生存法則。

有時候父母抽身放手孩子們的成長，是最大的信任與支持。如果是將一個已經知道生命會有死亡、不會游泳、會溺死的國小學生丟進游泳池裡，因不諳水性而當下的慌亂，恐懼記憶真的足以讓這小生命忽略了生命天然生存的本能⋯⋯講到這，佛陀跟父母一樣，為了眾生的平安，會不斷地提醒二元對立的危機，耳提面命的不捨，所以有了末法的預言。

收下預言背後的善意與慈悲，末法時代，重整出一條屬於人類們最天然、最接近本質的蛻變模式，將自己時時對焦在宇宙強大的合一力量中，不搖動任何信心地，走出內在最強韌的一條道路。

地球大晃動的最大禮物就是：人們更輕易看出二元中的自己，看見分裂的痛苦。接納它，看見魔性的湧起，清理它，駕馭它，融化它，你們就會對焦在宇宙屹立不搖的正法中，不耽溺也不慌亂，穩穩地往前邁進。

⊙ 能量頻率校準

阿斯卡士：

Asha，古老經典的悟道（成道）途徑，與新思惟有衝突或互相違背的地方嗎？

Asha：

稍早前有說，新思惟蛻變場域中，古老智慧的各種法門與練習，始終能協助自己意識提升。但這些法門是否能達到解脫的境界？在宇宙快速蛻變下，如何找到最符合自己靈魂的途徑、減少走冤枉路地直搗捷徑？阿斯卡士有任何建議嗎？

阿斯卡土：

解脫悟道的途徑，是在靈魂的吸引力下逐步呈現，跟個人強烈信心與意願相關。妳應該是要問，如何縮短盲目地活在地球的時間，促使靈魂回家合一的意願，充滿在個人的物質生活中？

成道解脫的捷徑，跟內在合一──心的企圖相關，像是收音機調整頻率校準的過程，我們會接收到雜訊、斷訊與不清晰，在找或對準的過程，要有絕對的信心！要清楚知道，「宇宙之中總有一頻率是在你們之間的」。臣服於道路，在你們個人的靈魂中，早已深刻地記載著悟道途徑與捷徑，觸及不到對焦的頻道，跟個人積生累月的習氣相關。

要找的不是捷徑這回事，是透過強大的信心，使得捷徑逐漸顯化，有動機與企圖，靈魂、宇宙會聚集所有力量來成就你。由心選擇一相應的法門，在修習過程中，覺察內心是否逐漸茁壯，心靈是否更平安。

對生命的感動，就是法門與靈魂調頻的顯化。心誠則靈，強大的信心會讓你在尋找的過程中到達彼岸。

涅槃之子斯納圖：

古老經典的悟道途徑，本質是通往合一的。但必須直白地說，在古老的階段，地球的集體共業與現今社會截然不同，唯一不變的是人類肉身有生有滅，超越生死的修習途徑，是對現今個人相當有幫助的。

恐懼阻礙了人們對回家路的不清晰與執著。當你們突破死亡的恐懼，已經將自己從局限的小我釋放出來；內在空間騰出來，是修習中最好的躍進，也是靈魂引領你走向途徑的最好捷徑。

阿斯卡土：

新思惟當然會跟古老悟道途徑有衝突也有相融的地方。衝突是，現今地球的生活要穿越的跟以往大大不同。宇宙極致境界是一致的，但人類們在這兩百年集體穿越的，與過去迥然不同，所以我們提到了，從舊思惟中蛻變成新思惟，從二〇一二至二二一二年，都是新思惟逐步蛻變的大時期。

我們可從二〇一二年開始至二〇三〇年這將近二十年說起。地球不分國家、不分種族，整體在學習的是：共同創造新綠色能源，協助地球環境與生靈間的和諧意識。你們說的悟道捷徑也跟此息息相關，絲毫不苟且於個人或自我的獲得，包含個人修行。

過去，個人獨自隱居於深山的悟道者、瑜伽行者，在古老思惟中，這樣可行，且非常可行。現今，你們都被賦予了：除了自身的成道證悟以外，也要學習積極地為地球做好環境保護。

宇宙似乎急速地轉變中，讓許多躲藏在狹小安全範圍的生命，都會藉由各種撞擊，讓個人不僅限於自好狀態。

面對外來大自然的反撲與疾病的威脅，我們和人類們可以共同前進的，是讓更多人親臨更高的宇宙意識，且有能力照顧好個人的身、心、靈，同時保護環境與他人的共好狀態。並且在面對病毒的挑戰時，不耽溺在個人自私的局限，需要做的是：以整體為出發點，顧及到更多人的健康與平安。

簡而言之，新思惟的宇宙觀，積極地促使每個將力量交出去的人類們，更認清自己是每個進化的一重要分子；越是更深的清理，越是要將力量收回來，從己身做起。政府不夠完美的部分，謾罵指責是毫無意義的，是讓自己先成為一位好公民。

危機就是集體共業的轉機。持續叮嚀：宇宙永遠比你們想像的還大！對焦在宇宙渾然天成的正法之中，心靈間的感動，就是靈魂回應你們的悟道途徑。絕對的信心，勇往直前。

⊙心寬念純，感謝當下

Asha：

不同宗教裡頭的解脫與開悟，是不是殊途同歸？還是只是因為人心與政治、宗教利益的分別，而產生了不同的途徑？

阿斯卡土：

姑且不說宗教背後的利益或分別心，我們可以直接點出的是：人類們天生底層裡有著好大喜功的習氣，在宗教框架範疇之間，守住自己的認知，並且在神性權威的保證中，會誤以為你們靈魂優越於世。

某個程度揭開或放掉這些宗教間的區隔，而能擷取每個宗教背後的真諦，專注地吸取其中的精華，而使自己蛻變的人，才是真能掌握真理，進而達到唯一的真神——宇宙。

宇宙給了所有宗教、所有非宗教的人相同的機會，選擇相應的宗教，蛻變悟道的途徑都早已提供，能識破哪些是人心的區隔與分別小我的心，就能以自己獨立的力量，穿越種種生命的枷鎖。宇宙非常的強大，對準它，直達核心。

Asha：

人的頭腦很容易陷入狡辯，阿斯卡土說，擷取背後的精華本來就不是一件容易的事情，如何在眾多宗教中分辨出，哪些是人為相傳後的失焦呢？

阿斯卡土：

所有宗教都有其回家的道路，有其適合個人靈魂意願與相應的途徑，妳只需要在每個順緣促成而來的可能性中，用自己實作、實修的方式去印證。

個人的進步自己最清楚，用心去覺察，用心去了悟。真理會使你們與靈魂間產生撼動，發生生命的奇蹟。取其撼人之處，收回往外投射、期待被救贖的脆弱，帶著無所畏懼的勇氣，個人尋道，一步步地往前，無須害怕選擇錯誤、來來回回攪和內在。

你們可以做的是：將宗教視為生命的友伴，教學相長，平常心於緣起緣滅，將每個過程視為宇宙的提醒；心開闊了，思想單純了，自然會對準聚焦在宇宙合一的核心點上，宇宙自動會接管你們靈魂的成長。臣服於當下，並且感謝每個生命出現的奇蹟與貴人的支持。

Asha：

明白，回家的道路只有一條，只是選擇了不同的學校，擇其所能茁壯自身，但不交託這學校保證自己的未來。學校如同一面自我反映的鏡子，協助我們更深入自身的所有可能性。

我曾經在義大利遇過一位女士，她聲稱自己早已開悟，內心毫無任何情緒波瀾，超越生死，與宇宙合一。也曾遇過一位居住在峇厘島的美國人自稱開悟，很年輕時如佛陀離開，並且斷絕與家人的關係，接受許多媒體的訪談，崇拜的徒弟眾多……請問如何辨識真正開悟覺者？讓我們可以從真正悟道者的身上學習真知，不盲從於扭曲的自我膨脹呢？

阿斯卡土：

妳認為呢？我比較想聽聽 Asha 的個人想法？

Asha：

前者從愛的層面來看，頭腦的主見是強大的，因為她的氣場緊縮，能量場無法延伸與其他人相融，強勢並且會吸附他人的能量；自我中心，以自己出發認知的愛，是她氣場的主要樣貌。而這位美國先生，外在看來氣質獨特，也有種深遠安靜的氣息，不過見面的當下，我的身體很僵硬，一度有不支倒地的疲倦感……

阿斯卡土：

妳有看見自己小我的運作嗎？如過度檢視？或排拒？

Asha：

我有很仔細的觀察自己，也敞開相信他們說的「已經開悟」。

阿斯卡土：

結果呢？開悟者經得起時間的考驗嗎？

Asha：

呵呵，禁不起。義大利女士總習慣背後評斷他人，或者傳遞負面、很主觀的「觀音訊息」，應該是說，對我而言過於老派，心口不一，所以在她周圍感受她的愛時，是無法自然流動的。美國開悟者幾年後突然經歷一場嚴重車禍，意外被發現手機裡都是信徒與他的豔淫照，有許多不法的祕密被揭露。

阿斯卡土：

永遠尊重別人對各自小我的認知，允許他人為自己的形象所雕琢的費心。但是，生命的真理是經得起考驗的。開悟者是宇宙提供驗證的，透過各種形式與方法，透過真實悟道者、言傳與文字，同時透過加持轉化的力量。

悟道者臨在的場域，充滿無私與慈悲的愛，生命的障礙會在當下消融。悟道者引動你們想回家的感召與靈魂受觸動的力量。

一位對自我誤解或想像的開悟者，會使旁人失去自己，壓抑且被迫的。遇到自我認知強大的善辯者，會掠取他人的能量，壯大自己的人格。你們能做的是：保持距離與尊重他們在個人的道路上。但任何人都無須提供能量，餵養這些入戲過深、掌玩權力的迷失者。

所有人都有義務使真理在地球中顯化再顯化，非真理的掌玩，都要自行失去力量，無作用力地消失。

5

二十一日舊思惟印記的清理

阿FA高靈：

每一日，我們都可以允許自己再更深入、更透徹、多認識自己在習性裡的反應。藉由二十一日的練習，我們深度清理舊有思惟與習氣，同時帶入新能量的慈悲與力量。

每日清晨或晚上入睡前，只需要十五分鐘，這是針對「將舊有思惟蛻變成新思惟」的實際運用練習。

⊙第1日　打開覺知之門——清理眉心輪

呼吸吐納練習，眉心輪清理並下清晰的意圖。

①閉上雙眼，深深地吸氣，緩緩地吐氣，重複六次。

②之後心中默念：「歡迎至高無上的宇宙力量臨在，宇宙間最純淨、輕盈的金色力量，支持著我具有更深入的觀照能力，我願將已囤積至我身心造成負累的舊有思惟，在這二十一天裡，做個深入的觀照與蛻變。」

③眉心輪清理，並下清晰的意圖：將意念放在眉心輪，讓呼吸逐漸沉穩。

打開覺知之門，需要先清理我們的眉心輪。眉毛間的中心點往內至頭部中央，有著連結到宇宙核心智慧的發射器，發射器要清晰發出對準核心的意圖，是靈性意識提升很重要的一環。發射器要去蕪存菁，才能接收到生命最純粹的願景與發展。

眉毛間的此部位器官，也稱為心。眉心輪與心輪相通，也與你們個人的靈魂和精神指導團隊上師、導師們相通。你們個人對意識開展的意圖清晰，隨行的精神指導團隊也會給予最大的支持。

④單純地將意念放在眉心輪，隨著穩定的呼吸，輕輕發出OM，深且長的，一樣重複六次。

⑤完成了六次以後，冥想眉心輪中央一道金色的光，深且長地往宇宙發射。此時下個意圖：「眉心輪清晰且穩定地對焦宇宙核心、宇宙智慧的帶領。」

⊙第2日　啟動心與靈魂緊密連結——意念在心輪

跟自己的心下個明確的意圖，使其與靈魂體更深地連結。

心輪位於胸部中心點，往身體內側至後背，都是心輪器官的部分。

①將意念單純地放在身體中空中心點——心輪的部位。

今日是要啟動心與靈魂更緊密的連結。許多人受了頭腦的訓練與制約，已經逐漸不再用心的力量面對外在世界。這制約來自於原生家庭開始，許多成人世界的遊戲規則會直接影響孩子們敞開的心。

父母或成人對應小孩，盡可能是以溝通討論方式完成陪伴，若以權威命令或者恐懼暗示，更甚者，將成人內在的負面情緒用相同框架去制約孩子們的探索，那麼心輪會從幼兒時期便呈現出脆弱與非安全感的狀態。

今日的靜心，藉眾高靈們在文字中的振動頻率，協助各位重新喚醒心輪的力量，讓我們出生時的開放與無懼的心靈，再度重現於生活當中。

人們時常會將受傷的心與缺乏愛的感受，誤以為是敞開的心。敞開的心是無懼與信任生命的，也就是臣服於宇宙之後，經過生命歷練後，深刻明白了，於是喚醒自身，重新連結出生時還跟宇宙力量緊密相連時的自在，與全然接納自己的各種樣貌，接納了自己也接納包容了來到眼前所有人的各種樣貌。

敞開的心與掏心掏肺將力量交出去，是截然不同的品質。敞開的心會有智慧在你與他人之間，如有道水庫的閥在彼此之間，雙方在流動的時候，將愛給予、同時接收。

當雙方彼此在不同頻率的時刻，將心保持在自身，觀察與覺察整體的頻率；這時候，敞開的心會很敏銳地覺察出整體的氛圍，伺機做出最適當的反應。

頭腦跟心是相輔相成的，頭腦可以將智慧反芻後，善巧地轉譯成文字，與揀擇出生命相遇中能夠提升的最佳方便法。這就是活出生命的智慧，同時符合人世間的學習。

心要敞開且鍛鍊出堅韌，是需要與各種生命共同學習的。有些頭腦制約強大的，會以為，不停地表達出自己認為的、強制他人認同，就是愛與被愛的流動。敞開的心不會以數目去衡量「付出」，更不會在還沒有同理他人之前，就先以頭腦，粗糙地轉譯過往習慣的智慧，而以愛之名影響他人。

敞開的心輪會先明白整體、他人的需求，這是生命的慈悲。一個階段過後，敞開的心也會在慈悲的基底中，善用智慧讓彼此的相遇相得益彰。

有些行善的朋友們，在每個付出的行動裡，要非常覺知，是否心在敞開的狀態。心如果是在缺乏愛的狀態中，希望藉由付出而得到個人滿足，抱著多做多積陰德的心態，那麼宇宙會回應你們：敞開的心會讓你們行善的行為充滿芬芳，改變個人的氣場，成為一個受歡迎的人！封閉防衛或受傷的心，再多的行善，只是在滿足個人的安全感，與在痛苦中找點事情轉移方向。

個人的學習課題始終會回到自身，因為愛的水庫閥門在自己的掌握中。讓愛充滿你們的生活，心的流動是既堅強又柔軟，而頭腦制約的愛所呈現的，會是不同品質的樣貌。

今日，高靈們將與你們一起，重新喚醒出生時與宇宙相連時最自在滿盈的心靈狀態。

②將意念持續放在心輪的部位，我們一起喚醒心中的蓮花。

地球中的粉色蓮花，正是證悟者心靈的振動頻率，出淤泥而不染。

當你們冥想蓮花時，若呈現的是一朵潔淨的白色蓮花，表示更大整體正在提醒你們，深入淨化自己的心靈，塵世與物質欲望已經將你們的心靈力量暫時遮蔽，是時候好好學習了。

③冥想見到藍色蓮花。

藍色蓮花象徵的意義是：正是時候為自己的靈性提升，下個明確與堅定的意圖的時候了。回到終極合一的宇宙境地，將是唯一的決心。

藍色蓮花是與物質界連結最強烈的蓮花之一，藍色蓮花對於在地球經驗豐富的人們而言，有很大的提醒與轉化能量。地球經驗老道的靈魂們，透過藍色蓮花的冥想練習，可以讓塵世中的印記得到很好的化解與協助。

無論冥想中的蓮花是何種顏色、何種樣貌，靈性與物質之間，聖蓮花們是扮演非常強大的溝通橋樑，透過祂們，我們再度連結，重回宇宙的懷抱。

④當心輪升起了蓮花，我們覺察呼吸的穩與平靜，單純的與蓮花共振著，待在這平緩和諧的頻率之中，讓我們的心與聖蓮花的頻率慢慢靠近。

美麗神聖的蓮花逐漸長大，朝心輪之外、身體的氣場擴充，蓮花的意識無遠弗屆的擴張。隨著緩和的呼吸，蓮花成為了你，你的自我，你的意識，你的靈魂體，你的本體，你在宇宙間逐漸融為一體。

⑤意念持續集中在心輪中心點，在本我與自我的連接處，有一盞心中光，藉由聖蓮花，將初為人的本心——宇宙心再度喚醒。

⑥最後，我們只單純地聚焦在這心中光點中，逐漸收回擴張的意識。我們回到身體，回到自我，再回到心輪中，最後讓心輪中的光點持續存在著。

聖蓮花開啟了心中光，也喚醒了初為人與宇宙連結的自我。從今天起，無所畏懼，堅定且信任，允許敞開的心如聖蓮花般慈悲、柔軟；愛的閥門在智慧的引領下，收放自如。

⊙第3日　擴展生命力量——腹部呼吸，淨化臍輪

如同嬰兒般深穩地用腹部呼吸著，找回全然活出靈魂本質的自己。

腹部對應到的脈輪是臍輪，這部位是力量中心，許多與世俗連結的力量與此部位相關，靈性部分的厚實度也會在這地方顯現。

靈性厚實度的意義是指：一個人將靈魂的願景透過生活中體現出來的積累，是可以從臍輪的狀態判讀出的。這跟人們認為的功成名就沒有絕對的關係，跟內在影響力卻是息息相關。

要活出靈魂的品質，需要此人對「成為獨一無二的自己」有絕對的意圖，它非關別人的看法，也非關頭腦制約中的盲從，它是一種全然接受自己「本如是」的力量展現。

本然的自己，健康的臍輪有著包容與支持他人的力量，使身邊的人因此更具力量，自己也會在一股實現的力量中，展現生命的獨特性。力量中心是維持個人感性與

理性的中軸，不畏懼於生命學習，也不輕易屈服於非靈性的道路，全然地臣服於宇宙的安排，將自己奉獻於更大整體的開創性中。

第三日，高靈們引導大家進入力量核心，協助中軸堅固、厚實。

靜心：

①將左手的掌心置放在臍輪腹部的位置，將意念放在身體中空臍輪的部位，深吸一口氣至腹部中心點，緩緩地吐氣，用深且緩的吸吐方式連續做六次。

「A cou da bo yi shi」（阿庫達播一許），意思是乾坤大挪移，讓生命的複雜性歸於精簡的內在中心。

擴展生命有時候會先觸及到跟平常安全範圍不同的挑戰。我們初始會錯以為，生命的改變是因為業力或壞運導致，拚命地想從事件的表面趨吉避凶；但在更高遠的靈魂之於宇宙的安排中，卻是內在力量的擴展與成長。這時候，拚命想逃避或將罪責推託於外，是毫無幫助的。

為了讓這靈魂的意願快速達到理想中的力量展現，建議各位，還是老老實實地將事情或挫折一一如實的面對，正視不迴避。

一旦靈魂發現，在鍛鍊中的你們，已明白了考驗的真實意義，事情會朝圓滿的方

乾坤大挪移指令：
A cou da bo yi shi
（阿庫達播一許）

向急速地演變且蛻變；同時，內在力量對應的臍輪，會漸次地像個輪轉的火焰，熊熊燃燒出生命之火。內在力量呈現越穩定，就越能發揮影響力。

②「A cou da bo yi shi」（阿庫達播一許），為自己的提升下一個指令，讓自己安靜地處於輕鬆平穩的呼吸，靜默約十五分鐘。

這指令幫助臍輪，能夠在宇宙更大的保護之下，接收靈魂的意圖，乾坤大挪移，把會拉長生命體驗的障礙，在靜心當中逐漸消融，加速蛻變。

⊙第4日　釋放與疏通印記——火的呼吸，喚醒聖火蓮花

延續第三日臍輪的淨化，昨日我們開始為擴展生命力量下個擴展與清理的意圖。今日利用火的力量，將鬆動的印記做個完整的釋放與疏通。

①準備六個小蠟燭，將它們放在空間的四個角落，以及右手與左手攤開方向，即左右各放一個。

②採用平躺的方式，雙手攤開，先將意念放在腹部（臍輪）的位置。

③將呼吸放緩，身體放輕鬆，深吸深，吐氣。

敏感的朋友們可以用心感覺臍輪的轉動狀態。若無法清晰感覺，也沒有關係，只要將意念放在臍輪的位置上，也就是身體中空部位的能量器官——臍輪。

④想像這個器官是一朵即將盛開的蓮花，美麗鮮豔的花瓣即將開花。

這時候建議以桃紅色作為冥想的方向，然後感覺這朵蓮花逐漸盛開，身體能量支持著蓮花的展開。

⑤桃紅色的蓮花逐漸蛻變成火焰，火焰開始燃燒時，我們進行六次深吐呼吸，吸進的氣直達臍輪。

⑥接著將所有臍輪滯留的印記與雜質，透過聖火蓮花燃燒殆盡。吐氣時將新生命氣息送往我們的生命殿堂，也就是所有人類生活的地球。

⑦一吸一呼之間，我們清理自身，將最淨化的生命能量呼出給大地，我們的地球母親。

當你們有著同體一心的意識，內在力量的脈動與地球整體達成共振時，從內而外顯化出的就會是同一脈動中的顯化活動，它是富有影響力的。

第四日，我們將聖火蓮花從身體記憶中喚醒，將自己內在的力量與外在，共振出一條可顯化的通道。

⊙第5日　穩定與深化力量——聖火蓮花的再度顯化

緊接著昨日聖火蓮花的喚醒，我們再度來到更深的生命影響力。所謂生命影響力指的是：能將自己真心想望，透過外在世界逐步顯化，從內在力量，著實綻放於外，進而影響外在世界。

腹部的能量器官——臍輪，若是堵塞不流動，在臍輪附近的氣場，會呈現狹窄樣貌。以至於頭腦期待的，即使有強大意志力支撐著，都無法吸引對的人事物，促成天時地利人和。

缺乏內在力量中心顯化能力的朋友，我們強力建議，與其空想或自我膨脹，甚至貶低他人，倒不如好好協助自己，將阻礙力量顯化的印記加以清理與釋放。

這一日，我們要將喚醒的聖火蓮花再度穩穩地種植在你們的力量中心——臍輪：

①首先，我們先再度冥想，有朵桃紅色正在綻放的蓮花，從腹部身體中心點指出，準備盛開。

當盛開的那一剎那，蓮花蛻變成聖火蓮花，一團強而有力的聖火乍開，將生命力量中心上的印記燃燒，並且協助釋放。

②接著，我們在聖火蓮花燃燒時，緩且深的吸吐六次。

③接著，聖火蓮花逐漸變成一棵樹，一棵有著強韌樹根的大樹，根穩穩地扎入腹部之中。

④大樹的根不斷地生長茁壯著，支持著要往外擴充的樹莖與葉。我們可以為自己下一個很深的意圖，「願靈魂的深願，透過我穩定強韌的心智與身軀，能在地球生活中逐步顯化。我願意深入探究與學習個人力量中的恐懼與缺少，不再將這份恐懼與短缺，投射於外在世界，我臣服，靈魂及深意願！」

⊙第6日　安靜與放鬆——意念聚焦在腹部

今日只要安靜的與自己待著二十五分鐘，意念持續聚焦在腹部，吸與吐。隨著呼吸，每一次讓身體更放鬆。

⊙第7日　平衡物質與靈性——連結大海的力量

今日要連結大海的力量。若在冥想中無法順利感覺置身於大海中，可以嘗試尋找一些照片或聆聽與大海相關的冥想影片。

大海在二〇二二年至二〇二七年，有宇宙的任務要進行。地球所有大海是相連著，在台灣與東南亞這一代的大海，是覺醒意識的甦醒，一波波金色力量，沖洗著我們的舊思惟。所以從二〇二一年底，我們就邀請 Asha 搬遷至台灣東部靠進大海的地方居住，為了是讓管道們可以有大海深度支持以外，也能將大海的力量轉頻傳送到台灣土地上，在海與地間，流動著更新的能量。

「大海」，有助於清理意識以外，也是讓舊有記憶與習氣鬆動很重要的頻率之一。我們藉助於地球的自然力量，讓身為宇宙載體的人們，可以在物質與靈性之間取其平衡點，也同時讓幾日下來的練習，為氣場鍍上一層保護。

大海的深與穩、寧靜的頻率，成為每個人心中最永恆的盪漾，置身於混亂之世，卻如大海般穩定與涵納。

「靜心進行」方式：

①安靜地平躺於淨化清理過的空間。

②首先，先調勻呼吸，使呼吸深且緩。可同時聆聽大海或跟海相關的靈性聲音，如海底生靈的聲音、海浪聲、海邊清晨鳥鳴聲……嘗試透過緩和的呼吸，開始放鬆頭部至腳底，隨著緩慢的節奏，讓全身完全放鬆。

③當全身完整放鬆之後，隨著大海的音樂，開始冥想自己置身於大海之中，讓自己全然的交付給大海。

④逐漸地，頭腦消失，心消失、從頭至腳都消失。感受到大海一波波穿過自己全身心，直到你成為大海本身。

「我就是大海本身。」

⑤當成為大海，放掉身體與頭腦時，意識的局限會逐漸打開，逐漸與大海開闊的頻率融而為一，盡情讓自己倘佯在這開展的意識之中，擴展吧！

不再局限於肉身的狹小概念，讓靈魂翱翔於世界的願景開展吧！

我們是如此的平安，我們正開放身心駕馭著波濤洶湧的大海，深入海的核心，進入生命本質中的純粹與寧靜。

如同降生於地球，包裹著生生世世的故事，學習駕馭故事，進入生命的核心與故事的核心，享受這當下身為人意識的開展。當放掉因果表層的故事劇情，如同臣服於大海的美麗與龐大，享受地球生命的美與力。

你曾是生命的風暴，大海的狂風暴雨，如今你們覺察到海洋的美與力，正是狂風暴雨後的靜逸。勇敢突破穿越吧！

當你們明白靈魂不滅，生命之氣永遠不熄，暴雨與美即是同一個你。蛻變感到不安的狹隘視野，駕馭兩者，整合並且擁抱自己。

現在，好好對自己說：我很好，我很棒，此生圓滿！

⑥回到呼吸，緩緩地回到所在空間，感受到自己、自我與身體，感受到身體是個強而有力支持自己活著的物質有機體，有機體外有無限延伸的氣場，連結著你靈魂的來處，如此安全完美的存在著。

我是光，在宇宙之流中，如此純然閃耀著。

愛自己、愛眾生、愛眾人之心。

二十一日的蛻變靜心，是以七日為一循環，七日是一完整的練習。這樣重複地連續三周。

每一周的練習，你們會更深入、更清晰整體運作的方式，也會更敏銳於個人生命的課題。抓住每一次可以安靜下來練習的機會，直視且敞開地看進去個人的生命學習與功課，覺察得越深刻，能擴展的意識就會越遼闊，新舊思惟更佚的過程也就能身心更平穩。

6

思惟蛻變的落實

Asha：

如何能清晰知道舊思惟中的優點，且能確定自己是在新思惟蛻變的路上呢？

阿斯卡土：

舊有思惟會使生活充滿挑戰與衝擊。尤其是舊有思惟會使身心充滿疑慮，與滯留於難以跨越的舒適圈，但這舒適圈又常面臨思惟上的挑戰、推翻與質疑。

Asha：

可以舉例嗎？

⊙ 教育，不是要滿足父母的期待

阿斯卡土：

當然可以，從教育觀點切入，如果為了讓孩子們達成你們為人父母的期待，或者為了規避父母過往經驗的傷口，而太過刻意讓孩子走向極端，與滿足父母的期待與投射，那就是一種將舊有思惟的包袱局限了孩子們的成長與探索。

Asha：

可以再更詳盡嗎？好比父母讓孩子們進入非體制內的小學，如森林小學或華德福小學，要怎麼去辨別，是否是跳脫舊有思惟的教育模式，並且正確的解讀新思惟呢？

阿斯卡土：

很好的問題！讓孩子們適性的去經驗學習，以孩子們的角度去觀察，且從旁引領他們真正的需求。新思惟是：**首先以孩子們為主體**。

適性絕對不會是全盤否認掉過往集體意識，是要從這整體經由足夠長時間積累而成的狀態中，去發現裡面扎實的優點，且發現在生命發展中的不適切關鍵，如體罰帶來的權威壓迫、考試填鴨造成僵化的生命狀態、記憶取代思考性……等。

以孩子們為主體跟放任他們隨性，是不同的事情。舊思惟之所以會有威權體罰，就是因為孩子們心智上尚在學習自律，過程中因為成績導向的目標性遠遠領先於其他的發展，控制孩子們朝目標前進，是舊思惟的老師們集體期待的。隨著意識的進展與提升，在這轉變的過程中，一步步協助他們，在尊重自己與他人之下，完成他們的主體與「建立自律」。

在這例子中，新思惟是：**孩子們不需要再承受大人們過度的期待**。尤其是，什麼樣子才是最優秀的優等生，或者什麼樣的孩子是學習障礙與不足的……從這些限制與框框中，協助或信任孩子們可以逐漸成為自己獨一無二的靈魂狀態。

而權威式的體罰與言語逞戒，是局限孩子們嘗試錯誤與認識自己的可能性。要建立師生之間的準則與約定，若孩子沒達標，或老師沒有在約定中，情緒失控或者霸凌，所有當事人與關係人，都要共同努力瓦解對靈魂毫無助益的權威與失衡的人格自尊，真誠地省思與道歉，讓彼此有更開闊與尊重的態度。

所有人都可能犯錯，但記得犯錯後的開放與真誠面對問題，是我們對彼此靈魂存在最好的敬意。但若因為老師的權威與人格面，而將這份恐懼之下的情緒強制壓迫在孩子身上，那就是處於舊思惟裡的黏滯狀態，並非適性與開放的。

孩子們在堅固的愛裡面，可以犯錯，只要不影響他人，都可以提出他們對這份互動的想法，希望師生間創造出共同達成的默契。

老師不是以「要孩子變成大人」期待的模樣，而是努力地讓這互動的空間與關係間充滿可能性和幽默感；嘗試將舊思惟中「被賦予重責大任」的壓力從肩膀上脫落，走入新思惟。老師的責任是陪伴孩子們與家長共同成長，三個同等重要，清理各自權威感，讓和諧的三角形關係，成為孩子們的生命立基。

⊙ 疾病，有大自然助你提升免疫力

Asha：

大家往往對同一件事情有不同的認知，公說公有理，婆說婆有理。世間的法律用來判斷一件事情的是與非，人們之間的情感用感受和情緒來決定品質。那麼靈魂之間，是用什麼來選擇學習內容與平衡業力呢？

阿斯卡土：

妳最恐懼什麼，靈魂就會拚命找這樣的素材來鍛鍊妳！

Asha：

關於有些靈性訊息說，因為內在有恐懼，才促使自身頻率降低與病毒共振？是內在吸引來各種故事？例如，如果我很害怕染上新冠肺炎，在恐懼裡，所以我就會吸引病毒導致染疫？在疾病與死亡的關係裡，可以談談舊與新思惟的觀點嗎？

阿斯卡土：

舊有思惟裡，人類們不停地抵禦或要去除掉疾病，文明的發展、醫學的研究也是將有害的病毒或細菌消滅，要強力壓制會產生疾病的種種因素。

新思惟裡，身體要免疫力足，需要的是：在地球居住的人類對所有大自然，重新好好的尊重與促使重生。大自然現階段能量場斷層，新冠疫情的爆發，也是宇宙與地球的某個計畫中，為了讓物質世界的人類們暫時固定在小範圍中，不再肆無忌憚向大自然索取。

過去大自然無條件地給予人類生存的最佳養分，照顧好身心靈三方面，就能抵禦外在病毒。現在，大環境下，最支持人類萬物生靈的大自然，也在重新找出祂們存活的最佳可能性；少了這份支持，人類們更加要從照顧身心靈三方面，延伸至照顧所居住的環境。解鈴人還需繫鈴人。

Asha：

古時候，大自然好好的，許多人也一樣會生病，古時候的人壽命還沒有我們現代社會的人來的長壽。跟大自然的直接關係是指哪部分呢？

阿斯卡土：

讓我們好好來談談身心靈！個人與環境、個人與靈魂，再延伸至更大的範圍——個人與宇宙！

在混亂的環境中，人們為了要活得更好，需要更往內在探索，覺察身與心；到一個更成熟的階段，就會成長至靈魂與宇宙意識。

古時候，大自然的確比較漂亮地存在著，並且支持人類在大的整體環境中，很好地活著與呼吸著；但在當時，大自然的災禍也從未較少過，在遍布整個地球如此高的比例中，大自然的力量的確是更強大的。現在，地球土地上的危機堆積，大地更為削弱了，大自然更是會高漲於土地。水往低處流，振動頻率高會自主性的平衡流向較低頻率。

古時候，人們挑戰的是地球大面積的高勢力大自然。現在不只是大自然反撲，在削弱的大地上，各個層面都無法穩穩地在原本的空間。這混亂交疊的場面，唯有偉大的大自然能再度重生茁壯，人們往外掠奪的貪婪收斂，並往內在發現生命的圓滿與俱足時，地球就會進入較優質的頻率狀態。未來世界，人類們會更加從自身與宇宙的關係，了解身體為什麼會生病，同時獲取心靈的自由與平安。

古時候，在尚未形成科技文明的背景之下，人類居住的環境與現今環境相較，是較少保護性的，如天然原始的房屋建築與鋼筋水泥的不同，醫療上的短缺與無法全面性的殺菌消毒，也是落後於現今醫療，經濟的成長提供更加豐富均衡潔淨的食物。

現代文明建築出的各種安全與保護，這是在宇宙的進化中，人類們在地球很美好的創造；我們可將現代文明與醫學帶來的進步去輔助生活，但地球大自然生態，此環是整體中最能平衡地球磁場的，需要你們全心的保護。

過去人類毫無招架、赤裸地學習與龐大的大自然搏鬥共處；隨著文明的發展，在物質界的你們，已經忘卻大自然與你們都是地球相當重要的掌舵者。

新思惟的路途中，人類正面臨學習**重新成為大自然的保護者，重新連結回原生地球大地母親——陰，與人類幾百年的文明創舉——陽，陰與陽要重新釐出一條共生共存的生命法則。**這兩年，新冠病毒捎來這個需要你們正視的訊息。

Asha：

地球上的我們過度消耗地球大地母親的能量，所以大自然會自取平衡反撲陸地。但過去人類科技文明還未形成時，人類還是在以生命與大自然搏鬥。疾病部分呢？如果只是因為住在地表上的濫用，使大地能量削弱，引發了病毒在空間交疊，那古時候依然有強勢的大自然，那時並未因此而減少疾病啊?!

阿斯卡土：

關於疾病，我可以如此說嗎？「醫學」在宇宙記載是地球上物質界的發明，拯救人類免於暴露在粗糙簡陋的生存環境，是地球歷史重要進展之一；物質界有眾多發明創舉都是在宇宙中獨一無二的，所以地球在那個當下，在對未來的銜接上，創造了科技與醫學。

我們一直重複提醒，「過多與濫用了！」要再提升與進化；緊接著就是靈性與地球的合作，身心靈與宇宙的建立關係，個人與地球與宇宙的關係重整。

我們只是雞婆的透露地球正在發生的一小塊生命藍圖，**大自然就是要被好好照顧，許多無解的狀態會迎刃而解**！

妳仔細想，地球大自然中最大比例的是海洋，在人類有限的陸地上，有多少歸屬大自然的樹，已經成為人類手中的木頭呢？有多少能自在奔放的野生動物，成為人類的美味呢？人類與地球的關係，自始自終都需要與大自然學習和平相處，讓狀態更平衡，這就是對未來地球最好的給予。

而本來存在的疾病裡，隨著醫學進展，你們獲得了許多解救與延長壽命的可能性，從古時候的巫醫自然療法到西醫，歷經了兩千五百年之久。現階段是取其中道，不走任何極端與對抗，更尊重個人身體的需求，並且允許舊思惟中曾存在的宇宙觀再度重新接軌，讓更開闊的智慧帶領我們學習生命的中道，謙卑與進入更大的臣服。

現階段，不對抗已存在的，但也不輕易開放盲從於毫無科學依據的。

人類們面對無形世界的我們，感謝你們意願聆聽，同時也希望人類們對於自古至今的所有創舉，取其優點，不怠慢輕視，讓地球與看不見空間的萬事萬物共同合作，共同聆聽，共同進化。

⊙危機，讓宇宙的力量進入以支持你

你們這些年面臨的疫情，此系列的病毒與細菌各自在自己的空間，為何來與你們學習和平共處呢？

現在我們來談談人與地球、地球與宇宙的關係：

地球在宇宙間，也有它與整個宇宙學習和諧共處的部分，這是萬事萬物的振動頻率朝向合一必備狀態，要地球跟得上宇宙蛻變速度。加緊提升，就是會在坑坑疤疤中擴大與融合。

人與地球的關係也是一樣，大自然永遠是地球的大部分，但許多危機已經透露出，地球溫度在升高，天象異常，表示居住在地球上的你們，已經超過使用權極限了，許多共生共存的動植物們，也已經瀕臨絕種與消失。

為何讓事情演變至此呢？所以我說，大自然會是你們提升免疫力的重要一環，這個學習包含人類的身體、學習敬重的心，與更整體的靈魂觀。大自然平衡了，你們學習身體的生與死中，會更輕而易舉地找到平衡的。

病毒是地球人類空間的新訪客，在學習互不干擾之前，會有許多的學習與調頻。關於新冠病毒，不少靈性學習提及：不恐懼病毒，將自身的頻率調整至互不干擾的狀態。這段話到底包含哪些方面與意義呢？

你心態上恐懼病毒，並不表示你一定會染疫，靈魂並不是非得要讓你親自嘗試，藉由生病突破恐懼。靈魂比這表面行為有智慧且有趣多了！

心態上，恐懼是一件單一事實，恐懼有它存在的意義，看見恐懼，可以讓這感受，蛻變成有意義的行為，如加強清理、做好保護自我與他人的措施，增加自身免疫力。

心態上恐懼，可以有智慧地選擇自己與病毒的關係、與病毒的距離。但有一種萬不得已的情況是：因工作關係無法避免的高危險接觸者（如醫療人員），這時候，心態上的恐懼既然無法自主的改變生活或工作方式，那麼在更深入地去觀照身體層面，心態逐漸要調整到面對與免於恐懼。

更建設性地認識與深入個人身體的訊息是：身體跟病毒是同一件事情，都「需要被尊重與關愛」。請學習溫柔地跟身體對話，即使在一整天高密度接觸的狀態之下，每日睡覺之前，跟身體說：「告訴我，你需要什麼樣的食物？補充什麼，可以維持你抵禦病毒的能力？」擴充身體感知，它自有智慧去選擇自己所需要的食物與增強免疫力的支持。

Asha：

為何身體需要被尊重與關愛，而病毒也是呢？

阿斯卡土：

病毒是依靠有生命的有機體，讓它足以延續下去。在病毒尚未演化成穩定的狀態之前，它會穿梭在各種生命的頻率之間，去尋找可變種棲息的生物有機體，依附且茁壯。

為何我會說病毒跟身體是同一件事情？病毒在找可依附的有機體，是為了延續生存，且希望共融至完整被接納；你們的身體是相同的，身體依附著你們的心智與靈魂的滋養，而維持身體在物質界的所有施與受。

當你們的心智願意尊重身體，與溫柔的關愛它時，你們會很有智慧且清晰的知道身體的各種需要，你們不會放任只由欲望與情緒掌控，而使身體受苦；再加上，有靈魂宇宙觀的朋友，更是讓身體浸潤在正向高振動頻率的氛圍之中，支持著物質界的身體。

病毒本來就不屬於地球人類病毒的一部分，但因為人類與環境的關係，在濫用與混亂的狀態下，病毒也攪著進入，尋找可生存的空間。是整體性的變動，造成原本不屬於此的朋友出現，也糊裡糊塗地被捲入這場交疊之戰。病毒沒與趣住在人類居住的地方，但是求生本能驅使下，他們正在求生存。

幫助他們的方式是：積極地增強自身身體的自我保護免疫力，一道隱形強韌的隔離牆，讓你們溫柔地對病毒做好主權宣示，互不干擾，溫柔地看見病毒的毫無惡意，病毒莽撞但是無知的，他們不邪惡，但卻被人類意識妖魔化了。

所以我說，溫柔的尊重且關愛，人們身心靈自在茁壯了，病毒自然輕輕地出現在個人眼前，也輕輕地離開。

Asha：

所以，中重症甚至死亡，通常是有慢性病，是因為身體儲備自癒的力量不足夠。阿斯卡士，祢願意分享除了中西藥物的輔助之外，如何在緊急狀態下，用心念療癒身體呢？是否也可以支持到慢性病的朋友呢？

阿斯卡土：

在這個非常時期，身體需要你們敞開，並且開放地允許它擴展到最大需求。緊急的狀態下，因為有許多外來因素，導致措手不及的情況頻頻發生。請更開放，允許善用心念啟動宇宙力量的降臨。

我清楚明白，人們在危急時刻，對於定奪選擇是更多屏障的。面對生死交關，怎麼能把持住靈性的積累？或者從未接觸過靈性的病人，怎麼上手地使用心念，維持住基本生命的中心軸呢？

阿FA高靈：

在大意外之下，大家請停止對許多意識形態或媒體雜亂訊息的過度恐慌，維持住生命中心軸跟你們的個人意願，這也與靈魂的意願直接相關。

面對危機，通常靈魂會擴張出無止盡的能量張力，召喚能支持肉身與疾病抗衡的所有正向力量。但對於大部分人，身體屏障靈魂的力量占絕大多數，這就是宇宙進展中，非得有大災難出現，人們才會有可能跳脫出認知與慣性。

你們相信，當在生死搏鬥間，你們將頭腦清空，善用呼吸，讓身心平穩下來，將自身融入正在發生的疾病侵犯，協助身心在某個層面放輕鬆，這就是允許靈魂滲透你們的最好方式。

阿斯卡土：

如果你們是靈性修持者，永遠記得，生死交接那一刻，將全身心交託給靈魂與宇宙的約定，不恐慌，讓宇宙的力量進入支持你。宇宙之強大，即使你們正在使用「殺死病毒的藥」。這概念也許跟較先前的「與病毒溫柔溝通」有些許不同。緊急狀態下，我們需要急救的工具，開放地信任在地球的所有創造，有其優點也有其弱點；相信宇宙之強大，會使自身得以駕馭，所有二元對立中，「優」與「缺」的部分。

Asha：

面臨危機，要怎麼能保有洞見，為自己或生病的家人做最好的救治呢？

阿斯卡土：

宇宙之強大，所有存在在地球的二元，都好好的被含納在強大的宇宙。對所有當下的選擇，臣服與信任就是最有力量的心念。也請記得，靈魂在任何危難的狀態，不離不棄地擴張召喚所有能維持住生命的可能性，允許靈魂成為你本身，允許身體同頻擴張。

⊙上癮，是身體與精神上的成癮

面對人性的濫用與貪婪，身體層面的成癮，需要釋放身體印記來幫助自己；某個程度而言，這也是精神上的成癮。這也是本書一直在提的，當我們在思惟蛻變的道路上，能更深入於內在靈性上的學習，我們內在充滿了，面對外在世界，勢必也會以細緻與敬重的態度對待，靈魂會滿足與取代所有人的匱乏與空虛，化繁為簡。

阿FA高靈：

上癮症跟執著於一段傷痕累累的愛情，也是同一件事。同樣在氣場上滯留、不流動的狀態，時間久了就會烙下印記，成為癮症；身體錯誤記憶，以為身心需要，其實是被這黏着的情緒體挾持了。為何這會跟我們在疫情時期是相同方向呢？

「恐懼」在我們身心是最主要也是最快發生的一種情緒，憤怒、忌妒、悲傷……等情緒，都是在恐懼之後延伸製造的副產物。所以我們常說：恐懼是最阻礙生命成長的負面情緒，所有的負面暗示造成的恐懼，都會在療癒的過程受到阻礙。人人都可為擴展身體覺知下些功夫，因為身心靈要靠近合一，這台被靈魂駕駛的車子要保養得宜，路才會暢通與不間斷地精進。

身體最恐懼什麼？病毒入侵無力抵抗？上癮般的吸吮無助益的毒素？身心受困於不健康的關係與脅迫？身體敞露於各種污染之中？包含西醫壓制了身體的自然免疫能力？身體害怕自己無法平衡各種慢性病與天生疾病的負擔？

沒錯，身體的確在各種恐懼壓力之下，需要為你們突破萬難。你們照顧身體的方式，跟舊有權威填鴨似乎沒兩樣：因為有了個人或集體的概念，我們在拯救身體或幫助身體，我們在幫助教育孩子們成為哪個樣子才是最適當的！

是不是要好好思考一下：身體真的需要這麼多的恐懼投射後的拯救嗎？你們相信，身體需要的比你們想像的少很多嗎？你們相信身體原本儲存的能量是強大與足夠的嗎？

看見你們的恐懼，覺察這恐懼的背後，是不是害怕「不足」多過於一切？

換位思考，讓我們以身體的角度看著正焦慮的你們：身體早已俱足所有治癒、維持身體健康機能的一切，跟孩子們的本質相同，他們擁有靈魂設定的無限潛力，只是需要透過各種指引與全然的信任，讓這無限的潛能含苞待放。

身體健康也是如此！身體會有先天疾病，往往是過去所沉積而來的印記。我們可以積極與正向創造最佳可能性，讓身體在先天疾病中，找出可以平衡持續維持的方法。

我們從不反對任何已經在地球存在的輔助工具，我們在學習擴展身體感知，同時喚醒全能自癒力的路上，會需要一些短時間的輔助與急救。敞開並感恩人類善用聰明才智的各種發明，取其優點，不抗拒也不依賴。

上癮症在氣場上的落角處，依著成癮的物件，而可以找出需要釋放的情緒印記。「煙癮」，通常是恐懼自己的心意無法在人世間成真，也就是渴望的夢想無法實現。要深入探索的脈輪有心輪與喉輪之外，從咽喉到鼻腔整個通至眉心輪的部位，要著重清理。

「酒癮」往往是恐懼自己在愛的課題中，會發生愛與被愛的匱乏或不足，源頭可延伸至與原生家庭的關係。在愛與被愛中，因為人格與角度的誤解，而無法明白靈魂之愛的完整與全面性，使自己需要麻醉各種知覺，取得一種身心放鬆與接納。酒癮的朋友要著重清理太陽神經叢與臍輪，並且覺察自己在愛的層面。

若有嚴重受害情節或被害妄想的恐懼，酒癮有可能惡化至使用非法毒品或藥物，這最直接傷害身心靈三部分，迫使靈魂無法好好住在身體、氣場破碎，是最具傷害性的癮頭。這時候協助靈魂復位、氣場修復的同時，善用科學與醫學協助自己，慢慢地喚回身體最初本能的治癒與健康平衡的狀態。

由口入的癮，嚴重者需要西方醫學的互相輔助，也可以參與各種心理、能量治療，針對口腔哺乳期時，外在或原生家庭的方向，更深入地療癒與探索。

如果身體從頭頂上方往下俯視，想像身體就像一個包含氣場在內的橢圓立體形狀，我們要療癒的是整個身體，並且包含氣場的部分，脈輪是裡頭的轉輪，也是力量來源的發射器。

將自己的癮頭或面對疫情的恐懼，甚至害怕各種環境傷害，在身體與氣場兩個部分，先做最基本的釋放；同時也為七個能量器官——脈輪，做完整的清理，釋放恐懼的源頭。

⊙恐懼，是腦波創造出來的「印象」

阿 FA 高靈：

「恐懼」散布在身體周圍的氣場——情緒體區域——的特定部位嗎？恐懼會聚焦在思惟，也就是意識與認知創造出來的「印象」。人類的腦子會吸收所有求生存的基本記憶，正向思惟強壯的，會讓正向的力量駕馭地球間已發生的負面生存恐懼，恐懼最原始都發生在「求生存」這個第一本能。這就是妳剛提到的，心念可以治癒身心嗎？

當恐懼從腦波逐漸發展成印象，印象會往身體氣場其他方面開始散布。這恐懼的影響如果是大規模生存性的課題，如恐怖組織、陰謀論、戰爭、大規模疫情……發生劇烈與立即性影響的，會在事發狀況親臨現場的人身體上，聚集在臍輪、腹部周圍，並烙下印記。負面接受性強的朋友，腹部以及下半身，都會有恐懼與創傷後的印記。

在事件後第一時間，最先階段，請於六至八個月內，立即處理釋放這些部位的印記，讓求生的本能先受到正向的支持與滋養，這樣可以減少腦的印象重播，以免再度延伸出恐懼，蔓延至心輪。心輪通往靈魂，要使靈魂不負載過重的現世記憶，是此生在世相當重要的修行。

發生事件的衝擊，要先從腹部與以下的部位，先進行印記清理與釋放，透過心理諮商或其他療癒，都可同時並進，六到八個月是黃金時期。在印記還未完全成形之前：

①自行練習施作，亦可接受治療師們的協助。

②**每日重複性的練習**也相當重要。在初期練習時，因為剛面臨重大的生存恐懼，會大量的釋放情緒，甚至會引動所有過往已存在的情緒。請信任宇宙會無條件眷顧與善待你的療癒召喚，一切都會朝正向的方向前去。

③這是個需要一些耐心和專注的練習，也就是**驅動我們的力量中心**。在腹部的臍輪蘊藏著火的療癒力量，這跟海底輪的拙火不完全相同，它如同沉睡在海底輪拙火的一支。臍輪中火的力量，是在所有即將喚醒的拙火之前，早已被喚醒。本支與分支相同的部分是：都能燃燒很沉重、積生累月的印記。

也許有些朋友會有集體意識中，對「自行操作啟動火能量」有些恐懼的意識，如走火入魔、招陰、無法喚醒……對於敬鬼神而遠之的舊思惟，我們一樣可以重新以新思惟去覺察。

火的力量深藏在生存的本能中，如同生命能量的活火山，既然是早已醞藏在體內，何來導致會歪斜或入魔呢？招陰是來自於：想要否認或驅趕屬於個人內在的陰暗面，而投射於外在世界。

我們要做的不是分裂式的拒絕或驅趕或極力抵禦，這些舊有的觀念，已經將無形世界投射成五花八門人性欲望試煉場的翻版。

其實，如果生命的一切都是幻相，無形世界中的各種頻率與能量，也如同成長一樣，隨從內在的召喚，而幻化出所需要的與需要共振的。我們不帶著恐懼，卻堅定與敞開地從更大宇宙中，對焦在個人成長的療癒頻道上，讓自己藉由練習，不偏不倚地歸於內在中心，允許輔助性的力量，能源源不絕地注入與發生。

④**專注並且覺察恐懼與不勝任的感受**，看著，不需要拿掉，因為拿不掉也忘不掉。唯有正視正在發生的全貌，直視所發生的一切，內在騰出空間，火的力量就會因應、允許與喚醒。

⑤用一些時間**使自己的全身心放鬆，這需要藉由平緩穩定的呼吸協助**。給自己更多時間，不急不徐地安靜下來，放鬆並且開放的！覺察到念頭的升起，看著，單純地看，療癒總是會發生在不強迫事情發生或者不急著找答案時。

當情緒湧起時，單純地看著，不涉入腦的辯證與問答，唯一可使點力控制的是，當頭腦滋生出記憶與情緒準備唱和時，將意念回到當下，當下是所有療癒的開始。

如果意念真的紛亂與難以控制，別慌張，深呼吸，先穩定下來，同時將意念放在身體層面，感受這軀體帶給你們的支持。

⑥現在，我們**將意念導向支持我們坐臥的腹部**，在骨盆上方，消化器官的下方，

正是臍輪的能量器官部位。深呼吸至腹部，緩緩地吸與吐，**下個明確的意圖「喚醒火的力量，喚醒生命之火」**。

A（阿）CO（ㄎㄡ）HOU（呼）BUDDHA 默念六次，亦指「火的佛陀」。請持續專注於個人的腹部，同時練習擴展感知。這個練習除了喚醒火的原動力之外，擴大感知去覺察，逐漸會有精微的能量開始從腹部升起，流竄於全身，走向最需要支持的部位。

每次練習專注於身體能量微細的變化裡，逐漸地會明瞭個人長期情緒積累的印記與故事。記得，要知道自己生命的學習是藉由一次一次的練習。如：靈感式的明白，急著想要答案或解決，反而縮小了內在空間，火的力量會因此趨緩。

火的力量能暢通與源源不絕，來自於你們的「定」與「充分信任宇宙的安排」。意念放在「精微能量在體內的流動」，不在「找尋回應」，當不在於尋找時，生命就開放著所有正向的可能性；空間擴大了，順流於是發生，讓更大整體的流，驅動著你們的言行，帶領著所有行動。

火的力量除了療癒傷痛、撫平印記之外，它也是支持生命撥雲見日的原動力，生命持續進展的活力。面對任何難以跨越的陰霾，當覺知到火的力量在體內蘊藏著無限

擴展感知，喚醒火的原動力：
A CO HOU BUDDHA
（阿 ㄎㄡ 呼 哺瘩）火的佛陀

可能性時，運用它，活出並成為生命的建築師。

以上看似單純的靜心，日日練習，如同身體補充維他命，我們與臍輪日日對話，練習擴大覺知，喚醒生命之火——火的佛陀。

⊙生死，是當下靈魂的意願

Asha：

所有的死亡的時間與如何完成死亡，都是靈魂的安排與生前計畫嗎？

阿斯卡土：

當然不是。靈魂充滿著「想藉由身體的選擇，創造出最有趣的生命藍圖」。生前計畫是課本中的大綱，關於死亡這一題，會被置入至生命的收尾篇章，也是對靈魂來說最精采的篇章，因為它（案例簡介）是如此記載著：

①內在層面，如何穿越以下「　　」、「　　」、「　　」，此人易耽溺於關係的憤怒與不被公平對待的情緒，有可能引發「　　」、「　　」等疾病，希望藉由疾病，能在關係裡有圓滿的和解與提升。

②若在某個時間點，深入且釋放內在的學習課題，在關係學習上勝任了，靈魂有想進階的方向，可因內在提升，避免疾病的磨練。

③沒有意外死亡的絕對意願，但是卻有瀕臨於生死交接的體驗。在大晃動的狀態中，靈魂協助此人發展出共體慈悲之心。

加註：因應地球在每接近千年提出與宇宙的約定裡，二〇一二年，地球會在整體進入自由意志軌道一環。這裡的自由意志指的是：當人類們逐漸無意識地對破壞地球過度積累時，地球的靈魂可有選擇的為自己做大清理。地球的大清理就是：大自然的高漲，各種自然元素的升起與反撲。地球有絕對的權利與義務，為捍衛己身的平衡而介入清理。此靈魂有可能因為長期疏忽生命的內在需求，與缺乏將善的能量與他人共享，耽溺於個人欲望，而無法完成靈魂中的約定。這約定是：除了跳脫出家庭關係濃稠的業力牽引與糾纏外，並活出善知識與善能量。當地球進行大清理時，因應靈魂的需求，會接受生死的學習。

Asha：

加註那一點，聽起來是人類與地球的共業，是在意外中的生與死。會嚴重到將第三項「沒有意外死亡」的意願推翻而死亡嗎？

阿斯卡土：

不會，因為靈魂有把握能藉此喚醒他對生命的真心真意，也會在生死交戰間，與靈魂更深度的對話與連結，他會在過程中，與靈魂共同奮鬥出「生存下來」。

當人類的頭腦削弱與無法控制時，生命的真心就會與靈魂有更緊密的相遇。即使是此人熬不過災難的痛楚磨難，靈魂都會尋找各種支持生命存活的力量，動用各種無形界與世間的生存助力，讓此人保住生命的。

Asha：

還可以分享其他關於死亡的例子嗎？

阿斯卡土：

妳覺得一場戰爭或病毒疫情、大地震、大海嘯，為數眾多的死亡是靈魂的安排和意願嗎？

Asha：

我不知道！就像有些人養生、茹素、規律運動，但仍可能會得重症突然往生。如果像祢說的，二〇一二年之後是自由意志，為何他們如此照顧善待軀體，卻一樣會得到疾病或染疫離開呢？

阿斯卡土：

死亡除了有生前靈魂意願一環，如剛才提到的地球與人類的集體共業之外，地球有權利進行自身的平衡與清理。

還有一部分，進入新頻率的地球，存在著顯著的狀態：「我們會因應此人在生生世世中，在死亡這個學習當中的進展速度，與此生面臨『當下』靈魂的意願。」當在共體時艱的外在環境之下，靈魂們會重新與宇宙們做個藍圖的選擇與調整，但這規則都會在好幾個環節之下，極其縝密地將過去世、今生、未來世，以最利益靈魂提升作為準則，去決定是否在這外來環境的肆虐高漲之下，離開地球到另一個更開闊之處的可能性。靈魂可以為了個人迅速提升，而與宇宙立下這可能性。

Asha：

這部分指的是：如果這個人在生生世世中，關於死亡的學習速度足夠，就有可能在大環境共業攪盪中，選擇先行離開至另一更快速的轉動中嗎？這聽起來很正向，完全尊重靈魂意願的決定。

阿斯卡土：

是的，舊有思惟中，生死是命裡早已安排，生命劇本像是在因果交織的網絡中，固定與循規蹈矩地前進著，跟妳在提的體制內教育有異曲同工之妙，即「僵化的生命藍圖」，完全沒有令人雀躍的可能性。

但是我所說的，不是鼓勵人結束生命，或者死亡當前、輕易放棄生存。「自我放棄」是頭腦與人格的脆弱，靈魂的意願是在最自然與無法預防控制的情況之下發生，與自我了斷後增加輪迴的長度與複雜度相當不同。

Asha：

這也是二〇一二年後，高靈們一直在提的「靈魂自由意志」、「神性自由意志」，有個活著可以再度選擇的機會。不過，二〇一二年後，新時代的思惟有透過不少傳訊者或靈性書籍不停地傳播著，但坦白講，那時候我個人在運用上，其實是感覺，還是在有規範的自我認知中，非常模糊地傳達相關訊息，並且感覺仍在舊思惟中假裝模仿新思惟。蛻變過程會不會是人類極漫長的一條路呢？

阿斯卡土：

地球自身會加速的！現在這幾年再感應新思惟，會很不同於過去幾年了！亞洲要跳脫舊思惟中僵化的生命藍圖，輪迴、果報的東方色彩，表面上似乎較為困難；但事實上，東方人相信靈魂存在之說，在某個方面已經是最好的途徑，去經驗生命的蛻變時期。

Asha：

會不會有人的頭腦一點都不想離開這人世間，靈魂卻非常固執地想選擇，當下去進入另一個更快速的學習呢？西方人不相信靈魂與輪迴之說，靈肉分離的情況會普遍較多嗎？

阿斯卡土：

會！西方人看似活出很自由、自主的一部分，但在生死與靈魂的層面，卻有時像個呱呱墮地的小寶寶，他們一直想用頭腦解決任何關於死亡的事，製造出許多可能救活的情況，或將身軀好好的保存下來。

他們的新思惟在於：相信科學、醫學是可以將人的生命決定性延續的。切記，這部分沒有什麼不妥喔，東方人與西方人始終會殊途同歸地活出最平衡的身、心、靈，人們可以為「想在地球生存的很好」做所有的努力，但人們也可以很深地感知到靈魂的強大，臣服與信任於更大的安排，在頭腦的自由意志與靈魂神性意志之中，做最深入的整合。

Asha：

就是我們整本書在談的蛻變舊思惟，注入新思惟、新意識，這新思惟可能就是靈魂的聲音、靈魂的意圖與靈魂想要透過我們完整的。而靈魂是我們的所有主宰，它是順流的，親近與可完全交託的。人們的頭腦很用力在跟生命與環境對抗較勁，倒不如敞開進入靈魂之流，駕馭整個現存環境的挑戰。頭腦控制是辛苦的，生命與靈魂融合，宇宙資源因此會不停歇的灌溉著。

另外，對於靈魂突然選擇要離開，他們在此生與其他人的關連與學習，會如何進行呢？這樣的突然決定，對愛他們的親朋好友，不也是一種傷痛嗎？這傷痛不會帶來未圓滿的因果關係嗎？

阿斯卡土：

剛提過縝密，表面在地球上的這一個分身，在千千萬萬過去世、現在世、未來世，在具體物質界地球的劇本中，突然退出參與；若以地球的物質法則來說，的確會被這一個肉體發生消失而打亂了正在經驗的劇本故事。所謂的縝密，是從整體宇宙來衡量，此靈魂的決定是否符合更大靈魂願景。

放眼遠觀，去平衡在物質地球界的故事，將肉體此生所要經歷的，放在更整體的靈魂廣度去評估，地球的故事也就被稀釋在整體中取代平衡了。

Asha：

那真的要讓存活下來的人明白這部分，讓在生的人重新認識死亡，認識死亡後的世界。

曾經有一位好朋友，也是的靈界代言人，突然得了流感，兩天後過世。在過世前一天，已經在高度發燒與緊急的狀態，他忠於自己，選擇了以中醫方式調理，那位中醫師據說也是以感應方式治病，他當下並沒有發覺好朋友的流感屬於急重症。對於這個事件，我有兩個疑慮：

第一，如果善巧的使用西醫去解決這些重急症，是否能有繼續存活的可能性呢？

第二：他們都有感應能力，在這樣緊急的狀態中，是因為靈魂強烈渴望離開而屏蔽了靈感之流嗎？朋友會選擇去看中醫生，最後也有撥打救護車接受急救，表示他有為「想繼續活下去」做努力。若一個靈魂有意願離開，靈感之流有引領他在死亡過程裡，使內心保持開放與臣服，且平安的回到靈魂光的道途？

阿斯卡土：

這個朋友跨界於靈魂與人類的世界。首先，多重宇宙每個分身的他，在靈界的任務強過於地球物質界的顯化能力。他掛念著此生的家人與妻子，但他的靈魂在更遙遠的宇宙中，是強大且自如、暢快的，他的靈魂知道，身體與地球連結是較為薄弱的。這樣的人往往身心虛弱、體弱多病，一遇到外來的侵犯，若求生意志沒有強大於靈界自在的分身，靈魂的確會選擇放棄生命，因為脫離肉體的禁錮，他會更完整，不會有遙遠的孤寂感，反而與現世地球格格不入。這是在選擇中最好的選擇。

妳認為，他既然能感應，為何不在有可能離世時，做最從容的準備？肉體在逐漸衰竭、喪失活動前，為了徹底能遵照靈魂的意圖，危急時，他如果服用能即刻殺死病毒的西藥，的確會在這個病毒侵犯的事件中，有再度存活的可能性；接下來就是下一個周期的循環，體弱多病的他，再次選擇是否離世。

所以在地球的十年、二十年，或更小單位一年、兩年，在縝密的靈魂整體選擇中，可是被稀釋的。妳可以寬心地明白，中醫師與他本人，甚至妳，只是遵守了靈魂強大意願，促使這個選擇發生。

每個靈魂住在肉體，第一個反射動作就是生存，那是身為人類從第一秒呱呱墮地開始持有的本能反應。臣服於更大靈魂的意願，是最美最美跟地球的告別。妳的朋友現在好的不得了，你們可以替他開心吧！

Asha：

那有非靈魂意願下的死亡嗎？新冠疫情中多數的死亡，全部都是靈魂意願？

阿斯卡土：

有些出自於非意願，如自我毀滅；也有種可能是輕忽了嚴重性；當然還有一類的人，是在人格部分缺乏對死亡的覺知，將自己暴露在風險之中。

Asha：

可以為新冠染疫死亡的人們做更詳細的舉例嗎？

阿斯卡土：

靈魂死亡意願的決定，除了生前早已決定的，也有地球做共業平衡清理的，還有就是剛才約略說的，面對外來環境的肆虐，靈魂與更大整體做出「當下」的去留決定。在這三項當中，會有少數部分的非靈魂意願。

回到我們先前在本段最開頭說的死亡例子。第三項中，這位朋友沒有意外死亡的選擇意願，我們也明確知道，在共業清理與外在環境的意外中，最大考驗就是生死交接之間，但不會因此離世。在他的藍圖中有非常明顯與意願，是非意外死亡的。對於地球的經驗，是此人靈魂的重點之一，在他的人生藍圖，會在「死亡」這一欄位寫上最大底線。而非靈魂意願死亡的藍圖，在死亡這一篇章會註明上「沒有完成地球任務的絕對意願」。

這些靈魂對於來到地球的目的與經驗，並非他靈魂最關鍵的重點。他們來地球是體驗，但對於「死亡」這項目，是開放並且無明確計畫，也就是說，「體驗地球生命與死亡」在他們的藍圖中略顯薄弱。

Asha：

這不也是靈魂意願嗎？非靈魂意願對我而言，是指靈魂不想離開地球，但被迫離開的情況?!

阿斯卡土：

我還沒有完整描述……在宇宙間，沒有一件事情是偶然或突如其來的，我們總會在最大宏觀的角度中看出端倪。非靈魂意願，某個程度是指「在地球的選擇」不是他們的重點，是濃縮到將生與死變成文字，要與地球生活的你們表白「肉體死亡」這件事。死亡變得如此有重量與狹隘！

靈魂無遠弗屆，千變萬化，高深莫測，毫無重量與形體可以泥塑它，這是它傲人自在的存在方式。而人類們在提的死亡，是負罪的、肉體刑罰，與千愁萬緒的。生、老、病、死是人類集體的存在規則，也是整個住在地球的人們忙進忙出的理由，一個充分並且眷戀、一再一再地重新來過的理由。

靈魂們的確喜歡地球的經驗，所有有趣好玩的可能性，都在地球演練場中，可以五感官實際體驗。沒有重量的靈魂，藉由地球，活生生地將所有經驗物質化。

但對於我們而言，死亡在靈魂世界不曾存在過，我們相連緊密，未曾失去，宇宙一整體的一，使我們既充滿自由，亦能單獨於一。

Asha：

明白了，非靈魂意願的死亡，是我們只聚焦在地球生活的意願與非意願，但從遠觀的距離來看，如同雲層般，有稀與薄之分，稀少的雲融於空氣之中，霧雲之間如同靈魂在生死一線。在地球的生與死，不曾是這些靈魂的重心，雲與霧是角度與距離不同而產生的。

如果更多人深刻體悟，生與死是靈魂永生的一部分，脫離地球之後，能再遨遊於浩瀚的宇宙，所有人不曾分離也不曾消失，對於生死，將能更釋懷與尊重。珍惜在地球物質界的所有資源，善待並且享受，尊重並且放捨。那麼，很快地，人類與地球會在取捨間，學習以大地母親——地球為生存的首要，珍惜與尊重，善待地球，當個有禮貌的地球客人！

〔尾聲〕所有的選擇都有宇宙背後的祝福

（在本書的最後結尾）Asha的精神導師白長老為各位傳遞以下訊息：

二〇二三年是個相當明顯好及更好、混亂及更混亂的放大年，也是公平正義最接近靈魂嚮往自由意願的重要一年。是誰的靈魂頻率？是怎麼發生？跟政治有直接關係嗎？

在舊思惟蛻變的過程中，各個層面的所有人，靈魂渴望能搭上這艘新地球、新生命的智慧法船。有些人會面臨大震盪，所有不屬於靈魂渴望的會一一清理出來，毫無猶豫地往蛻變前行；有些仍希望以舊有模式維持平安表象的，會選擇內在衝撞、身心俱疲與身心失衡，去釋放這外在整體帶來的衝擊。

在物質界的地球，沒有一個進化不呈現二元對立的，因為這是物質法則，也是當初靈魂們嚮往在地球體驗的分裂感，藉由分裂感，觸及到美麗的光與生命低谷的陰暗。對於眾多靈魂們來說，這是相當殊勝的投胎與生生世世不倦無悔的輪迴，因為終極靈魂的意義在於身心靈合一，同時完整生命間的愛。

二〇二三年接下來的九年間，要成就靈魂意願、顯化於地球的靈魂們，會孜孜不倦地吸引來各種可促成「好即會更好的可能性」，雖然當中會有陣痛期或突如其來的轉變，但身心卻會在發生挫折後，能即刻恢復內在平靜。

Asha：

如何知道在這蛻變的進程中，自己走在好及更好的路上呢？如何在遇到挫折來臨時，能覺察出背後宇宙的祝福呢？當祢說出會混亂及更混亂，宇宙這時扮演什麼樣的祝福呢？（我深信所有的選擇都有宇宙背後的祝福。）

白長老：

所有在宇宙間發生的事情都有其最大的祝福，這的確是宇宙終極意義！但是現在，我們要請妳的小小大拇指與無名指，像撥開谷歌地圖一樣，將在地球的區塊放大，以物質界的角度來探索妳的提問。

首先，好即會更好，回應了人們的身心：病情有好轉，身體好轉，身心會有空間，有能量的人就會逐漸清明且更有覺察力；相反地，持續病情惡化，人就會承受更多身體極限的挑戰，外在要能流暢保持清明，是稍嫌無力的。

這樣妳懂了嗎？你的身心會回饋給妳，妳是否在對的道路！遇到外在衝擊，妳是否能在很短的時間中跳躍式的跳脫舊有習慣，並在挫敗中認出自己力量的更大延伸，做到了，妳即在對的道路。

再舉例一可能性：在這晃蕩的蛻變期間，妳遇到了一位面臨靈魂暗夜的朋友，所有最艱辛的負面蜂擁而至，妳知道以妳的力量是無法拉提他的，妳會選擇怎麼面對這樣的朋友呢？

Asha：

量力而為！許多時候我會挑選式的協助可協助的朋友，挑選在於自知自己能力有限。

白長老：

對許多人來說，妳有神助，因高靈們帶領！妳有捷徑，妳會在對的路不間歇地前進著。妳應當盡所有能力去幫助來到眼前的人！

Asha：

我可是承襲了祢的叮嚀與教導，我不放大自己或膨脹自己，也不認為有這麼強的能耐代替祢們與靈魂間的約定。對於協助或拯救在黑色漩渦裡的朋友，我會選擇相信他們會走出來的，看著，維持在自己的內在中心。

若祢們決議能進行協助，我會開放，一切遵照神性的旨意。但我同時會建議大家，當遇到處在黑色漩渦、墜谷極深的朋友，可以給出提醒與建議；但若心智不夠強壯影響了自己，濫好人包袱會是舊思惟的意識，在提醒你們蛻變與釋放它！

白長老：

我們也不曾透過妳去取代或拯救對方，我們只是在跟妳的通道間，擴大正向的能量漩渦，加強了光的飽和度，擴大正向的氣場。

妳與我們的區塊強與穩了，對方靈魂如有意願與我們共振，這能量如漩渦般攪動著，將某些雜質排出，能清洗得多乾淨，就看對方是否有意願從深谷爬出來了。

Asha：

是啊，療癒從來不是一件輕鬆簡單的事，成為具有傳導力量的管道們，要以自身為第一。

「心軟不是慈悲，心慈悲地存在著，本身就具有最偉大的療癒力量」，真誠地對待他人，已具備轉化的力量。

好人包袱之下的爛慈悲，或情執傷口對應傷口的共振，這共振不具療癒性，常容易陷入個案室裡互相為對方舔舐傷口、上上藥水順便放上紗布，或者無止境地滿足對方情緒表面的需求。

宇宙間的療癒、高靈們想完成的療癒道路是「喚醒生命的自癒力」。舊思惟裡，助人者被形塑成捨身取義、奉獻犧牲，不停地付出與不能停歇的行為與動作，太過用力認真了！在新思惟中，高靈們指導我們成為光本身，祂們說：妳能治癒的唯有妳自己，妳能給出去的則是來自於更大的整體，與人們所託付的信任。

白長老、阿斯卡土：

沒錯，這就是我們要表達的。當人們說：「我用生命在愛，我愛他／她比愛自己還多！」正常人類聽到這句話，會很虛榮地抬高個人重要性，與陶醉在被愛的情境之中，但我們（高靈）可能會毫不客氣地撒些冰水，澆熄你們對愛情的浪漫想像。

這句話的背後可是有一個非常明顯的象徵：愛人的人正在失去自己，拚命的討好博取或自我膨脹的擴充自己，在愛情的想像是他們關係的一切，我們看見執著與貪。舊時代有多少老媽媽犧牲奉獻，隱忍放棄自己的需求，為了成就家庭與孩子們，最終只能期待孩子或家人們，可以認出她的辛苦與付出，而獲得回饋。

Asha：

舊有美德如何蛻變成新思惟呢？

白長老：

許多舊時代的老人家，的確會抱怨犧牲奉獻一輩子。願意將一生投注於家與所愛的人，是件極美的事，在這樣的美德裡，可以蛻變的，是那份愛的品質毫無重量地分享出去。愛是需要進化與淨化的，帶有雜質與沉重背負的愛，不會使對方或雙方變的更好，是不在靈魂完整的意願中進行著的。

雜質跟自身接收與對方關係間，可以辨識出，你們在愛情或家庭的關係中，對於愛，只能不停歇地淨化與進化，下多少內在功夫，就會在愛的層面如實顯化；這樣的淨化，是將最輕盈的愛與有緣人分享。

需要進化與淨化的愛，當遇到了關係的挑戰，若以憎恨心纏繞著，想占有這個愛的故事，請記得，在即將到來的蛻變力量裡，順著風搭上這艘完整學習體驗地球的愛之法船，清理自身，駕馭人格與情緒的波襲，帶著最深的意願與覺知，幫助自己好並能更好。

我們一起走入更輕盈的愛與被愛，是新思惟中，宇宙的強力推薦！

舊思惟的你們，會躊躇不安與疑惑；在新思惟的宇宙流中，會有股飽和的滿足感，讓生命一點一滴地走向建築生命的道路。

在路上，你們會遇見奇蹟和生命的足跡，與靈魂的奇蹟。

Asha與高靈／二〇二二年九月一日

⊙ 延伸說明

◇**高靈**：已脫離地球輪迴轉世的範疇，具有宏觀的靈性視野，並擁有解讀人類生命藍圖的執行權，能協助地球蛻變的存在，統稱高靈。

◇**舊思惟**：導致影響我們無法在現今時代中活出真實靈魂意願，停滯或受困於狹隘與有限的思惟模式。真實智慧帶來生命的光彩，舊思惟引發各種生命的恐懼。

◇**喉輪**：位於喉嚨的部位。七個脈輪像身體能量層面的器官，七個轉輪座落在不同部位，也稱為氣輪。喉輪是其一，它是表達與傳遞天賦的掌管者，此器官通暢，代表此人才華洋溢，靈魂能流暢地將靈感顯化於生活上。

◇**意識的光明與黑暗**：這裡的光明與黑暗指的是二元世界的樣貌，整個地球的人類、生靈們是處於二元世界。

◇**覺醒**：從二元世界、對立、是非、黑白中醒過來，明瞭所有引發自己的光明與黑暗，都是我們所投射出去的幻象。

◇**生命藍圖**：每個靈魂再投胎成為人類肉體生命之前，都會與更高存在（精神導師）、指導靈、守護神共同討論出此生的生命地圖，是全方位能支持靈魂學習的各類大綱，與各種選擇的可能性，甚至是可創造自行發揮的篇章，都會記載至生命藍圖。

◇**業力線／業力軌道線**：二〇一二年之前，地球與其他星球、國家與國家之間存在著業力軌道線，而小至人與人之間，也會有無數條隱形線牽引著，舊有業力模式在相當縝密的藍圖中進行著。但二〇一二年之後，宇宙開放給人們學習自由意志，自由意志的高階版本就是人類的神性意志，開放後，業力軌道線暫居幕後，開放許多空間讓人類決定與選擇。深遠的意義是為了教會人們認識神性自我與神性意志（但所有決定與選擇，都會以宇宙至善法則為基礎，以靈魂進化為方向）。

◇**神性自我、神性意志**：從小我、自我出發的選擇，往往會是局限並且毫無創造性地，在業力故事中穿梭，這選擇通常是充滿恐懼、用力與沉重的。若我們藉由認識神性自我、神性意志，就會不停地清理自身的恐懼，讓更純淨的心取代局限的小我。當由心抉擇的能力越發展，就會越接近與神性連結的靈魂意願，也就是神性意志。

◇**身體上的印記**：積身累月重覆於此人的輪迴故事所刻印下的痕跡，我們統稱為印記。印記會引發再次輪迴，共振出相同類似的故事，當事人若可以看見印記與看懂它所再發生的因與果，療癒就會發生。印記為了蛻變與釋放，會因應當事人想成長的意願，而被吸引至產生療癒。

◇**心引動了魔**：心魔的源頭來自於毀滅自己與他人！毀滅的輕量版是：不站在智慧與真理這一方，以遠離心的至善原則決定事務的方向。重量版的心魔是：毀滅靈魂至善的意願，毀滅他人的自由意志與自身至善的心意。

◇**因果層**：認識神性意志的朋友會嘗試淨化自己的所思所想，透過靜心，協助自己與神性意志連結，讓所有的選擇盡可能不局限綑綁於因果層，能更宏觀地做出利他利己的選擇。因果層就是在人和人間的業力線中，讓因而生的故事去釐出個結果。處理因果層的印記對大部分的人來說，是很基本與實際的。

◇**靈魂體**：每個人都有層層的氣場，從緊覆於身體往外延伸至涅槃體。靈魂體就是靈魂與氣場交疊處，前一層是心智體，往外一層是宇宙體。

◇**個人生命課題**：靈魂與精神導師團隊所共同討論，今生想要經驗與學習的。

◇**恩典**：引動宇宙力量進入自身，恩典來自於宇宙的祝福，可釋放與療癒積身累月的印記。

◇**靈性法則**：地球有國家法律，宇宙有靈性法則，一切都為了護擁靈魂的覺醒與提升。

◇**一體觀**：宇宙萬物是合一的。如果我們時刻帶有一體觀，對於正在面臨的挫折可保持覺察，進而明白，我們所面臨的挫折只是其中一角度，當參透全面角度時，我們也就能從輪迴中解脫。

◇**本心**：如如不動，恆定的那個本我之心。那是慈悲與智慧的匯集。

◇**實相與幻境**：生命的實相是萬物合一，無分別、二元對立。生命的幻境在二元世界中不停地擾動著，使人們處於分別、二元對立。

◇**生命包袱**：具有慈悲心的人能看見對方在痛苦中而有共感，進而以智慧、力量協助對方脫離出來，在共感同理的狀態下，對自身的幫助行為帶著平常心，而不耽溺於結果與個人成敗。這樣的助力不會成為生命包袱，因為此人是開放的，相信宇宙的恩典與智慧。生命包袱來自於「對方有變好嗎？我給出去的有成效嗎？」久而久之就身心俱疲。真正助人者是身心輕盈的。

◇**管道**、**載體**：古時候稱為通天接地之人，新時代稱這些接引宇宙訊息場的人為管道或載體，將宇宙頻率以人們可接收的文字或能量場，轉化成能流轉於世間人所能明白或接收的狀態。

當靈魂蛻變時：高靈談未來

作　　者　Asha
責任編輯　徐藍萍

版　　權　吳亭儀、江欣瑜
行銷業務　黃崇華、賴正祐、郭盈均、華華
總 編 輯　徐藍萍
總 經 理　彭之琬
事業群總經理　黃淑貞
發 行 人　何飛鵬
法律顧問　元禾法律事務所王子文律師
出　　版　商周出版　台北市104民生東路二段141號9樓
電話：(02) 25007008　傳真：(02)25007759
E-mail：ct-bwp@cite.com.tw　Blog：http://bwp25007008.pixnet.net/blog
發　　行　英屬蓋曼群島商家庭傳媒股份有限公司城邦分公司
台北市中山區民生東路二段141號2樓
書虫客服服務專線：02-25007718　02-25007719
24小時傳真服務：02-25001990　02-25001991
服務時間：週一至週五9:30-12:00　13:30-17:00
劃撥帳號：19863813　戶名：書虫股份有限公司
讀者服務信箱E-mail：service@readingclub.com.tw
香港發行所　城邦（香港）出版集團有限公司　香港灣仔駱克道193號東超商業中心1樓
E-mail: hkcite@biznetvigator.com　電話：(852)25086231　傳真：(852)25789337
馬新發行所　城邦（馬新）出版集團 Cite (M) Sdn Bhd
41, Jalan Radin Anum, Bandar Baru Sri Petaling, 57000 Kuala Lumpur, Malaysia.
Tel：(603)90563833　Fax：(603)90576622　Email：services@cite.my

封面設計　張燕儀
印　　刷　卡樂彩色製版印刷有限公司
總 經 銷　聯合發行股份有限公司　新北市231新店區寶橋路235巷6弄6號2樓
電話：(02) 2917-8022　傳真：(02) 2911-0053

■2022年12月8日初版

Printed in Taiwan

定價300元

城邦讀書花園
www.cite.com.tw

線上版回函卡

ISBN 978-626-318-494-7

國家圖書館出版品預行編目(CIP)資料

當靈魂蛻變時：高靈談未來 / Asha 著. -- 初版. -- 臺北市：商周出版：英屬蓋曼群島商家庭傳媒股份有限公司城邦分公司發行, 2022.12
面；　公分
ISBN 978-626-318-494-7 (平裝)

1.CST: 靈修 2.CST: 生活指導

192.1　　111018202